天水古史探微

TIANSHUI
GUSHI
TANWEI

王太职　董文珍/著

敦煌文艺出版社

图书在版编目（ＣＩＰ）数据

天水古史探微 / 王太职，董文珍著 . —— 兰州 : 敦煌文艺出版社 , 2022.9
ISBN 978-7-5468-2227-3

Ⅰ . ①天… Ⅱ . ①王… ②董… Ⅲ . ①天水—地方史—研究—古代 Ⅳ . ① K294.23

中国版本图书馆 CIP 数据核字（2022）第 165218 号

天水古史探微

王太职　董文珍　著

责任编辑：曾　红
封面设计：马吉庆

敦煌文艺出版社出版、发行
地址：（730030）兰州市城关区曹家巷 1 号新闻出版大厦 23 楼
邮箱：dunhuangwenyi1958@163.com
0931-2131579（编辑部）　　　0931-2131387　　2131397（发行部）

兰州银声印务有限公司印刷
开本 710 毫米 ×1020 毫米　1/16　印张 8.75　插页 3　字数 90 千
2023 年 2 月第 1 版　　2023 年 2 月第 1 次印刷

ISBN 978-7-5468-2227-3
定价：58.00 元

序 言

9月上旬有天上午，天水市文物保护和考古研究中心王太职拿了自己即将出版的一本书的书稿，请我为他作序。听了他该书的框架和基本内容，我又翻看了书页，欣然答应。自己亲自招来的研究生出书，甚为欣喜。

与太职的初次相遇是在甘谷毛家坪考古工地。2012年暑假之际，北京大学考古文博学院赵化成、徐天进两位教授应约来天水作秦文化调查与研究。是日，去甘谷考察的路上，我向两位先生介绍了天水市博物馆有关情况，并希望他们向我馆推荐优秀的大学生，他们欣然应允。到了工地下车后，赵先生指着一个戴着草帽、穿着工服，脸晒得黑黝黝的小伙说，这就是我给你推荐的人才。他看到我们后，快步走来，面带微笑，显得有点腼腆。当时他在西北大学读考古学研究生，即将毕业。

那时正是天水市博物馆快速发展的时期，急需一些专业对口且富有创新思维的人才。2013 年，天水市开始进行首批紧缺人才引进工作，市委组织部安排我和相关人员到西安参与招考工作，王太职以优异的成绩考入天水市博物馆。

进馆以来，他依然在甘谷毛家坪遗址发掘，发挥着自己的专业优势。随后根据天水文物考古和研究需要，馆里又陆续从兰州大学、陕西师范大学、中国人民大学、郑州大学、西北师范大学等高校引进了 10 多位考古、文博类硕士研究生，在天水市博物馆成立了天水市文物考古研究所，王太职被任命为首任副所长。近十年来，他和后来的其他几位研究生同事形成了一个很好的工作团队，在天水市文化和旅游局、天水市博物馆的支持和帮助下，克服重重困难，在毛家坪遗址、师赵村遗址等大遗址连续进行考古发掘，同时积极参与了天水境内一些基建项目的抢救性发掘。在考古发掘之外，他们还参与甘肃省考古研究所、西北大学组织的渭河上游史前至先秦文化的系统考古调查，认真负责的工作态度和专业水平受到了这些单位的一致好评。其中一项市级项目——天水地区史前聚落的考古调查与研究已经完成，报告也即将与读者见面。考古工作是艰苦的、枯燥的，唯一能够让考古工作者坚持下去的理由就是他们对工作的热爱。可以这样说，他们既是新时期天水考古工作的参与者，也是天水考古事业的建立者。

十年的工作学习，使他的实践经验和研究能力得到了进一步提升。《天水古史探微》这本书是他研究成果的部分体现，虽说其中有些章节的内容显得有些单薄，章节之间的结构不是很统一，但整体的研究思路和逻辑是清晰的、有创新性的。关于天水的历史著作不胜枚举，但依赖古代文献和前人研究成果的还是比较多。此书尤为可贵的是以近些年天水的考古发现和馆藏文物为基础来探讨人类历史，时间跨度从旧石器时代至汉代，有宏观的聚落分布研究，也有微观的文物个体分析，以物证史，史物相印，较为全面地勾勒出天水的历史发展脉络，给读者不一样的视角。语言通俗易懂，并配有线图和照片，增加了可读性。我认为是一部值得阅读的书籍。

作为太职曾经的同事，看到他在文物考古方面的经历和成长，我是非常高兴的。希望太职以《天水古史探微》的出版发行作为他学术生涯的一个新的起点，在今后的学术研究工作中，眼界要放得更宽、看得更远，永远保持爱学习、勤思考、肯吃苦的良好品行，使自己的考古事业走向更广阔的未来！

是为序。

李宁民

2022 年 9 月

目 录

绪 论

　　天水地处甘肃省东南部，东临陕西，南接陇南，直通巴蜀。地势呈西高东低，海拔在 1000 米~2100 米之间。地跨长江、黄河两大流域。两大水系中，黄河的最大支流渭河从西向东贯穿全境，干流流经了武山县、甘谷县和麦积区。长江二级支流西汉水及其支流分布在天水南部。渭河以北地区地质构造属北祁连山加里东褶皱带，沉积了深厚的第三纪（地质年代，距今 6500 万年—180 万年）红色泥岩和沙砾岩层。第四纪（地质年代，距今约 260 万年）以来，堆积了几十米厚的黄土层，经过长时期风雨的侵蚀，发育成黄土峁梁地貌。渭河以南大部分为秦岭山地，属西秦岭海西构造褶皱带，多山高谷深、陡峭起伏的地形，特别是东南部区域。

　　人类赖以生存发展的黄土层占天水地区总面积的 34.8%，厚度 20 米~80 米，大部分分布在渭河以北，以秦安、甘谷比较典型；水资源包括渭河水系和嘉陵江水系。渭河流长约 280 公里，流域面积 11696 平方公里，占全市总面积的 81.65%。有一级支流 58 条，二级支流 109 条。流域面积大于 1000 平方公里的支流有榜沙河、散渡河、葫芦河、耤河、牛头河。较大支流有山丹河、大南河、聂河、永川河、东轲河、交川河、东岔河、通关河。二级支流有漳河、清溪河、清水河、显亲河、西小河、南小河、汤峪河、樊河、后川河等；嘉陵江水系分布在天水南部，流域面积为802平方公里，占全市总面积的5.6%，支流有西汉水、白家河、花庙河、红崖河等[①]（图1）。

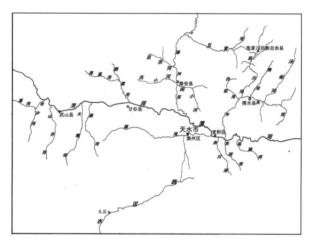

图1　天水主要水系分布示意图

由于天水地区存在大面积的厚实黄土和丰富的水资源，距今20万年左右的旧石器时代早期就有古人类生活在这里，20世纪在武山县狼叫屲遗址发现了距今3.8万年的"武山人"头骨化石，近些年又发现了旧石器时代古人类生活留下的遗迹和遗物。进入新石器时代后，全球气候进入全新世大暖期，一般认为中国出现在距今8500年—4000年。这一时期，温度适宜、水源充沛的渭河流域必然是人类很好的栖息地之一，上游以大地湾文化为代表、中下游以老官台文化为代表的古人类遗存已经发现近40处。发现大地湾文化的大地湾遗址、西山坪遗址、

① 天水市地方志编纂委员会：《天水市志》，方志出版社，2004年。

师赵村遗址都在天水地区；稍晚一些，距今 7000 年左右进入史前文化大繁荣、大发展的仰韶时代，特别是仰韶文化中、晚期发展到了巅峰，遗址数量剧增，规模也大增。天水地区发现很多这一时期的遗址，出现了面积逾 100 万平方米的超大型聚落，也出现了 400 多平方米的宫殿式建筑，还有很多可以认为是文明前夕的产物；仰韶文化经过了早、中、晚期的发展至衰落，一般认为天水地区仰韶文化演变为常山下层文化，进而演变至齐家文化。至此，人类逐步进入了青铜时代。

青铜时代一般认为是夏商周时期，天水地区在这个时期基本处于王朝的边疆地区，在中原地区夏王朝统治时，黄河以西被使用晚期龙山文化或齐家文化的人群占据。商王朝的中心尽在河南境内，虽多次迁都，其文化辐射范围至远到了关中西部，未越过陇山达天水地区。西周时期，王朝的统治领域向西扩张，天水至陇西之间发现了零星的西周文化遗存。

甚至更早一些在天水出现了嬴秦族，这已是考古发现所证实的历史。与嬴秦族同时生活的还有寺洼文化的人群，他们与嬴秦有战有和，共享一片天。春秋战国时期，随着秦人的强盛，天水地区被秦人主宰，周边生活的诸戎部族逐渐被秦人所控制甚至驱逐。

秦汉以降，天下一统。政治、经济和文化中心东移陕西，天水地区虽距中心不远，但道路曲折，大山相隔，又成为统治范围的边缘地带。东汉末期至三国，天水是魏蜀必争之地，发生过多次经典战役，也出现过姜维、庞德等名将。南北朝时期，虽为乱世，但佛教徒在隐蔽的山林里虔诚地修筑寺庙，弘扬佛法，至今留下了以麦积山石窟寺为代表的佛教胜迹。隋唐之时，丝路畅通，中亚的粟特人不远万里来到大唐，路过天水留下了他们的文化。宋金时期，天水是战争的前线，双方有着多次的拉锯战，尽管如此，仍有不少富贵之人不惜重金打造自己死后的居所，彩绘仿木建筑砖室墓多有发现。

天水历史绵延至今，尤其以先秦时期较为辉煌。当今天水官方多以"五大文化"来宣传，其中大地湾文化和早期秦文化为重头戏。但对于大多数普通人而言，了解文化仅仅停留在几个熟知的遗址点上或者民间流传的故事中。当地学者在编写天水通史或者考证历史时，其资料的引用依然偏重于更早的文献记载，对于新的考古资料的运用仍不成熟。鉴于此，笔者尝试从一个考古工作者的角度对天水先秦历史的某些方面做一简单的介绍和探讨，抛砖引玉，希望研究者和读者从不同的视角去看待历史、了解历史。

第一章　远古文化与神话传说

第一节　旧石器时代的早期人类

众所周知，中国境内发现的最早人类化石距今有 170 万年左右了，以元谋人、北京人最为出名，而这些都是直立人，与我们今天的人类有很大的区别。经过了百万年的进化，才有了与我们现代人最接近的晚期智人，最为著名的属北京的山顶洞人。20 世纪 80 年代初，在天水市武山县鸳鸯镇狼叫凸采集到一个头盖骨，经甘肃省博物馆谢俊义等判断并经过测年，距今约 3.8 万年，命名为"武山人"，与我们熟知的北京山顶洞人年代相近，这在天水属首次发现，意义重大。对于旧石器时代遗存的发现一般都属于偶然,头盖骨的发现当属偶然中的偶然,可遇不可求。自"武山人"后至今再没有旧石器时代人骨化石的发现，但旧石器时代的其他遗存近些年有了新发现，时代上有了突破性进展，进入到旧石器时代早期，比"武山人"早了很多。

2002 年以来，兰州大学、甘肃省文物考古研究所、中国科学院古脊椎动物与古人类研究所和美国加州大学戴维斯分校等科研机构在天水境内调查时新发现了张家川县杨上遗址、石峡口遗址以及大地湾遗址几个旧石器时代遗址，并对杨上遗址和大地湾遗址进行了发掘。杨上遗址位于张家川镇杨上村杨下组西北的台地上，海拔 1816 米，东距牛头河支流后川河两公里多。2013 年发掘了 12 平方米，出土石制品和动物化石共2000 多件，经鉴定的动物几乎全为食草动物，且以马属最丰富。经过科学测年，此遗址形成开始于距今约 22 万年，结束于距今约 10 万年，年代为旧石器时代早期，生活在这一时期的古人类属于早期智人。这是目前发现的天水境内最早的古人类活动地点，同时也是陇西黄土高原上最早的旧石器时代遗址①。人类在这里生存长达 11 万年之久，其中距今 18—15 万年期间人类活动最为频繁。他们利用最近的河流中的砾石作为原料，使用最原始的硬锤锤击法加工石器，制作出简单的打制石器作为工具。杨上遗址的发现对研究中国西部古人类的扩散和演化有重要意义，同时为揭示黄土高原西部人类和环境的关系有重要的价值。

人们所熟知的秦安县的大地湾遗址 20 世纪经过了较大规模的发掘，主要揭露了新石器时代的各类遗迹。其实在新石器时代的最早文化即大地湾一期文化（距今约 8000 年）中就发现了一些旧石器时代晚期的细石器，但限于研究的目的和对遗迹的保护和展示，发掘者不会揭露全部文化层至生土。比如现在大地湾遗址上原址展示的宫殿式大房址 F901，它的年代属

---

① 甘肃省文物考古研究所、中国科学院古脊椎动物与古人类研究所、张家川县文广局：《甘肃张家川县杨上旧石器时代遗址的发掘》，《考古》2019 年第 5 期。

于仰韶文化晚期，叠压在它下面的可能有更早的文化遗存，但是为了很好地展示房址的全貌，下压部分不再发掘。这种情况在很多遗址中都存在，西安半坡遗址也是如此。但是当研究者的方向和目的是旧石器时代时，就必须揭露完所有的新石器时代文化层直到旧石器时代的文化层上。在了解了大地湾遗址出土细石器这个线索后，兰州大学等单位先后于 2006 年、2009 年在大地湾遗址文物保护研究所的院子中试掘，在新石器时代文化层下面发现了多层旧石器时代的文化层，经初步测年后推断有距今 6 万年的人类活动遗迹。距今 6 万年是古人类演变的一个重要时期，是早期智人往晚期智人演化的过渡阶段，是现代人形成的关键时期。基于这个重要的学术意义，2014 年 8 月至 2015 年 3 月，他们对大地湾遗址进行正式发掘，发掘面积为 42 平方米。首次发现了旧石器时代的独立火塘，也出土了一些打制石器和细石器。打制石器的年代为距今 6 万年左右，细石器为距今 2 万年左右[①]。细石器在大地湾遗址中的存在也是一个非常重要的现象，结合 20 世纪在大地湾一期文化遗存中发现的少量的细石器，不难看出在距今 8000 年左右至 2 万年之间有一个特殊的阶段，是一个旧石器时代向新石器时代过渡的阶段，这个阶段中细石器扮演了重要的角色。何为细石器？顾名思义，细即为细小之意。学术界曾提出过"中石器时代"的概念，特点为石器向细小化发展，细石器被人类做成复合工具，比如极薄的小石叶被固定在木质或骨质的柄上，刃口锋利，

①《甘肃省大地湾遗址距今 6 万年来的考古记录与旱作农业起源》，《科学通报》2010 年第 55 卷第 10 期。

便于把握，弓箭即为其中重要的一种，这些工具备受采集狩猎者们青睐。因此，细石器的出现给我们一个明确的信息，即当时的人们采集狩猎的存在可能性是很大的。可以想象，2万年前生存在大地湾的古人类是否过着狩猎采集的生活，他们生活的环境是什么样，他们是怎样从狩猎采集经济向种植农业转变的，这是冰冷的考古遗存留给后人无限的想象空间。

2015年，在张家川县距离杨上遗址不远的石峡口村又发现了距今约1.8万年的旧石器晚期的遗址，石制品以细石器为主。再一次说明旧石器时代晚期的晚段天水的北部地区可能存在一个以狩猎采集经济为主的阶段。

第二节　新石器时代和伏羲女娲传说

一、前仰韶时期文化和聚落

前述大地湾遗址最近的发掘确认了新石器时代文化层下有着连续的旧石器时代的文化层，出土的遗存从中国传统的石英砾石为主要原料的打击石器和碎片到出现石叶为代表的细石器，再到以陶器为代表的新石器，显示了连续演化的基本特征[①]。这种物质遗存反映了至少在大地湾遗址甚至更大的范围内，人类的存在也是连续的。虽然，在天水地区至今未发现1万年左右的陶器，但在中国北方和南方都已经发现了1万多年

---

① 张东菊、陈发虎等：《甘肃的大地湾遗址距今6万年来的考古记录与农业起源》，《科学通报》2010年4月。

以前的陶器。但是从大地湾遗址最早的陶器来看，其制作工艺和装饰不是最原始的，很可能之前有一个原始陶器的使用阶段，只是目前我们没有发现。

考古学上把中国普遍存在的早于仰韶文化的阶段称为前仰韶时代，其文化遗存称前仰韶文化，属于新石器时代早期到中期的偏早阶段。天水地区目前能够确认的前仰韶文化遗存即大地湾一期文化和天水师赵村遗址最早的文化——师赵村一期遗存，在秦安大地湾遗址（图2）和天水师赵村遗址远景（图3）皆发现了大地湾一期文化。师赵村遗址和西山坪遗址发现了师赵村一期遗存，晚于大地湾一期文化而早于仰韶文化，距今7300年左右[1]。

图2 秦安大地湾遗址全景（由北向南摄）

这两种文化分布于渭河支流清水河（五营河）与耤河流域；从大地湾、西山坪和师赵村三个遗址的发掘情况，暂时无法了

———————————

[1] 中国社会科学院考古研究所：《师赵村与西山坪》，中国大百科全书出版社，1999年。

解三处遗址前仰韶时期聚落的布局。距今 8000 年左右出现的聚落明确的仅有大地湾遗址和西山坪遗址的小型聚落，大地湾一期聚落位于临河最近的平缓地带，面积约 8000 平方米。从其遗迹、遗物的分布可判断有中心区与边缘区，残存房址 4 座、灰坑 17 个、墓葬 15 座。房址间距最近者约 25 米，墓葬与房址没有明显的界线①。西山坪遗址为散点式布方发掘，仅在台地最前端临河处发现大地湾一期的窖穴一处。两处聚落相距甚远，在选址上具有相似性，聚落内部布局都不清楚；师赵村一期聚落在师赵村遗址和西山坪遗址发现，相距约 10 公里。师赵村遗址中一期遗存仅发现窖穴一座，西山坪遗址中属于师赵村一期的遗迹也仅有窖穴一座。两处窖穴的位置与大地湾一期遗存分布在同一区域。可以初步认为师赵村一期的聚落在空间上与大地湾一期聚落保持了一致，规模很小且很分散。

图 3　天水师赵村遗址远景（由西南向东北摄）

---

① 甘肃省文物考古研究所：《秦安大地湾》，文物出版社，2006 年。

　　这一时期在中原出现了以河南裴李岗文化为代表、渭河中游出现了以宝鸡老官台文化为代表的前仰韶文化。就目前发现，距离西山坪和师赵村遗址最近者为宝鸡关桃园遗址，其遗存以关桃园二期为主，特征最接近师赵村一期遗存①。张宏彦先生曾对渭河流域老官台文化进行了系统研究，渭河流域发现老官台文化遗址近 30 处，大部分在中游的宝鸡地区，上游仅有 3处②。如果排除不同地区考古工作的不均衡性，初步可推断渭河中游地区是前仰韶文化聚落的中心区域，渭河上游、汉水流域、西汉水流域等区域为边缘区域。对于师赵村一期遗存的来源，发掘者认为继承了大地湾一期文化，是仰韶文化半坡类型的一个源头。笔者对此说不是完全认同。虽然师赵村一期存在的年代介于大地湾一期文化和仰韶文化之间，但从遗存整体风格上来看与大地湾一期区别较大，而与宝鸡关桃园遗址的第二期遗存风格非常接近。另外，在大地湾遗址中为何没有发现师赵村一期文化？按照一般规律，大地湾遗址中一期文化相比其他遗址要丰富得多，但为何没有发展成师赵村一期文化呢？这是很难解释的。因此，笔者认为师赵村一期的来源很有可能是来自宝鸡关桃园。遗憾的是在师赵村遗址和关桃园遗址之间没有发掘过任何遗址，调查也未发现师赵村一期遗存。

---

　　①陕西省考古研究院、宝鸡市考古工作队：《宝鸡关桃园》，文物出版社，2007 年。

　　②张宏彦：《渭水流域老官台文化分期与类型研究》，《考古学报》2007 年第 2 期。

二、天水地区仰韶早期文化和聚落

（一）调查和发掘

20 世纪 40 年代，原中央地质调查所委派裴文中赴西北调查。花了近一个月，调查了天水至陇西，发现古遗址 39 处[①]。此次发现的遗址包含了西山坪遗址、石岭下遗址等重要遗址；50 年代，甘肃省文物管理委员会在天水县（今天水市麦积区）、甘谷、武山及渭源、陇西五县进行文物普查工作，发现仰韶文化遗址 16 处[②]；70 年代末，为了深入了解甘肃地区的仰韶文化，甘肃省博物馆文物工作队选择了葫芦河支流清水河流域的大地湾遗址进行发掘，工作持续了 7 年，至 1984 年底基本结束。大地湾遗址发掘成果显著，发现了渭河上游最早的史前文化——大地湾一期文化，同时也发现了与仰韶早期文化上下叠压的地层关系。其间还发掘了附近的王家阴洼遗址[③]，最早遗存属于仰韶文化早期。同年，中国社会科学院考古研究所甘肃工作队对天水地区（当时包括西和、礼县）做了考古调查，除了复查已知遗址外，还新发现了清水泰山庙遗址、麦积区蔡科顶遗址、武山杜家楼遗址、礼县高寺头遗址等仰韶文化遗址[④]。并对天水师赵村遗址开始发掘，发现了早于仰韶文化的

---

① 裴文中：《甘肃史前考古报告》，地质调查所油印本，1947 年。

② 甘肃省文物管理委员会：《甘肃渭河上游渭源、陇西、武山三县考古调查》，《考古通讯》1958 年第 7 期。

③ 甘肃省博物馆大地湾发掘小组：《甘肃秦安王家阴洼仰韶遗址的发掘》，《考古与文物》1984 年第 2 期。

④ 中国社会科学院考古研究所甘肃工作队：《甘肃天水地区考古调查纪要》，《考古》1983 年第 12 期。

一种新类型——师赵村一期遗存。1986 年天水师赵村遗址发掘结束后，工作队又对西山坪遗址开始发掘，至 1990 年结束。西山坪遗址中再次发现了大地湾一期文化，并存在师赵村一期叠压在大地湾一期之上的地层现象，明确了两者的年代关系。师赵村和西山坪遗址的发掘建立起了甘肃东部地区从前仰韶时代的大地湾一期文化到齐家文化的完整序列，意义重大。

21 世纪初，由甘肃省文物考古研究所、北京大学、西北大学等五家组成的早期秦文化联合考古队进行了两次调查。第一次调查了东起清水县秦亭乡、西至白驼乡、北至黄门镇、南至红堡镇的牛头河干、支流两岸，发现遗址 55 处。第二次在清水黄门镇以北区域调查，在后川河干支流，以及樊河和汤峪河上游两岸，发现遗址 62 处。两次共调查各类遗址 117 处，在几处遗址中发现了少量的仰韶早期遗存 ①。2016 年秦文化与西戎文化联合考古队（由"早期秦文化联合考古队"更名）再次对天水地区的秦州、麦积两区及甘谷、武山两县进行了调查，调查过程中在当地博物馆发现了仰韶文化早期的器物。2021 年甘肃省文物考古研究所发掘了张家川县的圪垯川遗址，清理仰韶早期遗迹 418 处，揭露了仰韶早期半坡类型晚期的大型环壕聚落，面积约 8 万平方米 ②。

---

① 早期秦文化联合考古队：《牛头河流域考古调查》，《中国国家博物馆馆刊》2010 年 3 期。

② 甘肃省文物考古研究所、文博中国：十大考古参评项目——甘肃张家川圪垯川遗址。

（二）天水地区仰韶早期聚落分布及特点

仰韶早期在时间上处于前仰韶文化与仰韶文化衔接的关键时期，在探讨仰韶文化的来源及发展问题上有重要意义。严文明、张忠培等考古学家就认为，渭河中游关中地区的仰韶文化半坡类型由老官台文化发展而来[①]。同理，渭河上游地区仰韶早期文化应源于更早的文化，在天水地区早于仰韶文化的遗存有大地湾一期和师赵村一期遗存，这有可靠的地层关系来说明。因此要讨论天水地区的仰韶早期聚落，必然要先了解前仰韶文化的特点。

距今约7000年—5000年进入了仰韶时期，对应于地质时期的全新世大暖期鼎盛期。这一时期气候温暖湿润，降水和地表径流充裕。植被中乔木含量较高、种类丰富，出现较多喜暖的落叶阔叶树种。粟、黍等农作物普遍种植。在这种适宜的自然环境下，聚落数量和规模较前仰韶时代有了很大的发展。

天水地区是仰韶早期半坡类型分布的西缘，其遗址数量远远少于关中地区。据现有发掘和调查资料，分布比较集中的区域有两个区域，即清水河流域和耤河流域，本文暂称为"北线南线"，其他为零星分布点（图4）：

1. 清水河流域仰韶早期聚落

清水河亦名五营河，是渭河的二级支流，葫芦河的一级支流。河南侧山势平缓，台地发育良好，河谷宽阔，季节性支流较多。从西向东依次分布有大地湾遗址、南山遗址、圪垯川遗址、

① 严文明：《甘肃彩陶的源流》，《文物》1978年第10期。张忠培：《关于老官台文化的几个问题》，《社会科学战线》1981年第2期。

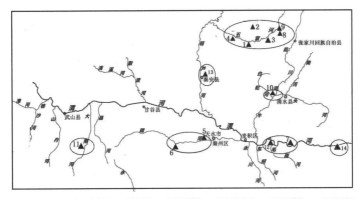

1. 大地湾遗址　2. 王家阴洼遗址　3. 南山遗址　4. 雁掌坪遗址　5. 师赵村遗址　6. 西山坪遗址　7. 蔡科顶遗址
8. 圪垯川遗址　9. 苗圃园遗址　10. 安家坪遗址　11. 观儿下遗址　12. 柴家坪遗址　13. 堡子坪遗址　14. 吴砦遗址

图 4　天水地区仰韶早期聚落分布示意图

苗圃园遗址，支流鱼尾沟东岸有王家阴洼遗址，其中规模较大者为大地湾遗址和圪垯川遗址。1978 年—1984 年对秦安大地湾遗址进行了发掘，发现仰韶文化早期的房址 156 座、灰坑和窖穴 72 个、窑址 14 座、灶坑 46 个等，较为全面地反映了仰韶早期的村落布局，特点是以壕沟围成椭圆形，中心系广场和公共墓地，房址以广场为中心呈扇形多层分布（图 5），功能上分为居住区、生产区和丧葬区。年代略晚于半坡类型早期，与姜寨二期、史家类型相当[①]。粗略计算残存环壕内面积约 1.5 万平方米；张家川圪垯川遗址位于清水河与松树河的交汇处，西距大地湾遗址约 15 公里，地势宽阔平坦。2021 年发现了仰韶早期史家类型的大型环壕聚落，环壕近似椭圆形，南北长约 320 米、东西宽约 250 米。发掘者按长方形计算面积约 8 万平

[①] 甘肃省文物考古研究所：《秦安大地湾》，文物出版社，2006 年。

方米，误差较大。如果按照椭圆来计算，约为 6 万平方米。环壕内为居住区，中间有中心广场，广场周围大致可分为四个区域，每个区域中有一座大型房址，朝向中心广场。每座大房址由中、小型房址围绕，且都朝向大房址。环壕内房址整体表现出"向心式"分布，与西安半坡[①]、临潼姜寨[②]等聚落相似。

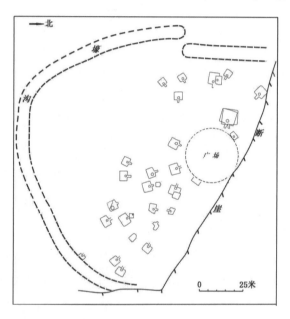

图 5　大地湾遗址仰韶早期Ⅰ段聚落房址分布示意图
（据《秦安大地湾》图 56 绘制）

大地湾遗址东北约 5 公里处的王家阴洼遗址，位于清水河支流鱼尾沟东岸。发掘面积 625 平方米，发现房址 3 座、墓葬

---

①中国科学院考古研究所、陕西省西安半坡博物馆：《西安半坡》，文物出版社，1963 年。

②半坡博物馆、陕西省考古研究院、临潼县博物馆：《姜寨——新石器时代遗址发掘报告》，文物出版社，1988 年。

63 座、灰坑 2 个和灶址 3 个，出土器物 300 余件，发掘区为墓葬区。年代为仰韶文化早期，稍晚于半坡类型，与大地湾二期同时[①]。居住区与墓葬区仍没有分离，这与大地湾遗址特征一致。由于发掘面积小，聚落内部结构不清，未发现壕沟；大地湾遗址东、西 5 公里范围内还有刘家湾遗址、雒家川遗址、雁掌坪遗址、南山遗址等，其中陇城南山遗址也发现了仰韶文化早期的遗存[②]（图 6）。南山遗址处于清水河南岸二级阶地，台地发育良好，规模较大；苗圃园遗址位于圪垯川遗址北侧约两公里处，也发现过仰韶早期遗存[③]（图 7）。

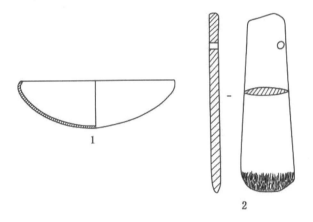

图 6　南山遗址出土的陶钵和石斧

①甘肃省博物馆大地湾发掘小组：《甘肃秦安王家阴洼仰韶遗址的发掘》，《考古与文物》1984 年第 2 期。

②甘肃省文物考古研究所、秦安县博物馆：《甘肃秦安考古调查纪略》，《文物》2014 年第 6 期。

③张家川县文化局、张家川县文化馆：《甘肃张家川县原始文化遗址调查》，《考古》1992 年第 12 期。

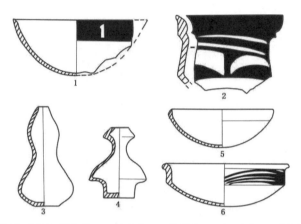

1. 圪垯川遗址彩陶钵 2. 彩陶盆 3. 葫芦瓶 4. 细颈壶 5. 圜底钵 6. 圜底彩陶盆（2-6 苗圃园出土）

图7 圪垯川遗址和苗圃园遗址采集标本

（图6、7据《甘肃张家川县原始文化遗址调查》插图绘制）

2. 耤河流域仰韶早期聚落

1978年，严文明先生在《甘肃彩陶的源流》一文中提及在天水刘家上磨和柴家坪遗址出土过半坡类型的彩陶（图8），其中刘家上磨遗址即在耤河上游区域。之后发掘的师赵村和西山坪遗址中皆发现了仰韶早期遗存。师赵村遗址位于耤河北岸一级阶地之上，从距今7300多年的师赵村一期至今，一直有人类居住或埋葬。仰韶早期，即师赵村二期的聚落位于遗址最南端突出的台地上，海拔最低，离河床最近。发掘面积共1200平方米，发现仰韶早期圆角长方形半地穴式房址两座，窖穴两个。聚落内部结构不清；西山坪遗址位于耤河南岸二级阶地上，东侧为普岔河。聚落中心区处于临普岔河一侧，史前人类从西山坪一期（大地湾一期）一直生活至齐家文化时期。西山坪二期相当于仰韶早期，发现窖穴一个，墓葬一座。两个遗址相距约 10 公里，皆发现了早于仰韶文化的师赵村一期遗存，可见西山坪遗址和师赵村遗址有着密切的关系。

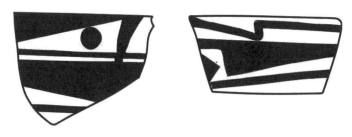

图 8 天水刘家上磨彩陶片
（据严文明：《甘肃彩陶的源流》图一绘制）

3. 其他地区仰韶早期遗存

除以上两个较为集中的仰韶早期聚落分布区，在牛头河流域和渭河干流流域也发现了零星的遗址。2005 年和 2008 年早期秦文化联合考古队在牛头河流域的清水红堡镇安家坪遗址中采集到仰韶早期的宽带纹彩陶钵（图 9-1）；渭河干流流域也发现了几处遗址，采集到少量标本。麦积区元龙镇蔡科顶遗址，采集到了半坡类型的陶片。向东直线距离 8 公里左右的柴家坪遗址，规模较大，也发现过仰韶早期的遗存。麦积区三岔乡吴砭村 20 世纪 70 年代出土过一件完整的尖底瓶（图 9-2），现藏于麦积区博物馆，为典型的仰韶文化早期器物①，此地点是天水地区目前发现仰韶早期遗存的最东端，与宝鸡市凤阁岭镇接壤。

———————

① 天水县文物志编写委员会编印：《天水县文物志》，1984 年 12 月。

甘谷县境内曾发现过一件仰韶早期的尖底瓶口，传出土于西坪镇附近。武山县洛门镇观儿下遗址出土一件较为完整的彩陶钵，口沿外侧饰红彩宽带纹，属仰韶早期（图9-3），现藏于武山县博物馆。观儿下遗址位于渭河支流大南河西岸二级阶地上，是目前所知发现仰韶早期遗存最西端的聚落，以仰韶中、晚期遗存为主，早期遗存发现较少。

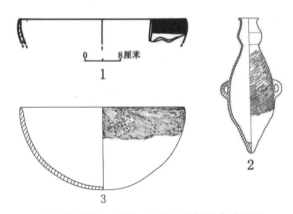

图9 安家坪、吴砦、观儿下遗址出土的陶器

（三）"南线北线"聚落模式与相关问题

大地湾遗址和圪垯川遗址笔者称为天水地区仰韶早期的"北线"聚落的两个核心聚落。大地湾周围有王家阴洼遗址、南山遗址和雁掌坪遗址，可能为其附属聚落，地理空间上呈三角形分布，围绕在大地湾遗址周围，直线距离都在5公里范围内，形成了一个聚落群。圪垯川遗址周围也分布着以苗圃园遗址为最大遗址的聚落群。两处聚落群距离较远，已超10公里。一般认为采集狩猎时代的聚落域，即聚落居民活动的范围为人步行两小时的半径范围，即10公里左右，因此两个聚落群应

为平行关系，相互独立。

渭河干流及其支流精河流域分布着几处仰韶早期遗址，笔者称为"南线"。其遗址数量和规模上比"北线"要小很多，且分布分散，唯有师赵村和西山坪遗址相距较近。从发掘的遗迹及遗物规模和数量来看，仰韶早期人类在"南线"的居住分散，没有很长时间集中于某一地，且数量也比较少。

清水河流域仰韶早期聚落绝大部分分布于河南岸一级阶地上，呈线性排列，东西约20公里，以较大规模的大地湾二期聚落和圪垯川早期聚落分据西、东。据目前调查和发掘资料表明，大地湾和圪垯川仰韶早期聚落无疑为这一区域的两处核心聚落，其余聚落应为附属聚落。在圪垯川遗址未发掘前的几十年，大地湾遗址已经成为人们心目中清水河流域的中心，但在仰韶早期阶段圪垯川的地位不得不让学界重新认识。相似结构的环壕聚落面积圪垯川要比大地湾规模大了许多，一定程度上说明圪垯川仰韶早期的居民可能要多于大地湾。这种聚落规模的大小首要取决于地理环境，在相同的气候条件下先民首先选择最适合居住且宽阔平坦的台地。从地形地貌比较，大地湾遗址处于阎家沟小河流与清水河的交汇之处，圪垯川遗址处于较大河流松树河与清水河的交汇之处，仰韶早期聚落所处地以及阶地，后者面积大了很多。至于发展至仰韶中、晚期聚落规模的变化可能跟环境变换有关。

形成天水地区仰韶早期南北两线区别较大的聚落模式的原因笔者认为主要有两个：一是自然环境的不同。清水河流域地势较平缓，自古就是人类迁徙的大通道，处在仰韶文化中区域的陕西半坡类型的人群较大规模地向西扩散，在 7000 多年前是能够实现的。因此形成了圪垯川、大地湾等大规模的聚落。而渭河干流则不然，在湍急的渭河两岸多是陡峭险峻的石山，尤其是天水宝鸡接壤的地方，其道路的畅通也是近几十年的事。史前时期的人类要穿越宝鸡峡向西扩散难度可想而知。但从麦积区吴砭发现的仰韶早期的器物，以及前仰韶时期的师赵村一期文化的发现可推测，早在 7000 多年之前就有人类的西迁。二是文化背景的不同。清水河流域有丰富的前仰韶文化遗存，而渭河干流及耤河流域较为贫乏。古人类生存的基数悬殊较大，其聚落规模及遗迹数量也就差别较大。

综上所述，天水地区相较于渭河中、下游仰韶早期聚落数量少很多，规模也要小很多。这符合聚落发展变迁的一般规律，也与当时的区域生态环境有着很大的关系。从目前发掘的天水大地湾遗址以及陕西的西安半坡遗址、临潼姜寨遗址、宝鸡北首岭遗址来看，聚落形态有着高度的一致性。其聚落内部为凝聚式和内向式格局，在仰韶文化早期几乎可以说是一种通例[1]。聚落形态的特点一定程度上可以反映当时居民的生活模式。刘莉等认为这一时期人们已经形成了高度的自给自足的生活方式，定居生活趋于稳定，有血缘关系的家庭聚居在一起，形成最早的村落组织[2]。

---

[1] 严文明：《中国新石器时代聚落形态的考察》，《史前考古论集》，科学出版社，1998 年。

[2] 刘莉、陈星灿：《中国考古学——旧石器时代晚期到早期青铜时代》，三联书店，2017 年。

三、仰韶文化中期的文化和聚落

（一）发现和分布

仰韶文化中期是仰韶文化发展的巅峰时期，距今约 6000 年—5500 年。20 世纪 60 年代，在河南陕县庙底沟遗址发现了区别于半坡类型的遗存，提出了仰韶文化庙底沟类型。80 年代张忠培先生首先提出庙底沟文化的概念，但其特征与仰韶文化早期一脉相承，归属于仰韶时代的中期。庙底沟文化分布以关中、山西南部及河南西部为中心，向四周扩散，最西到达了青海东部。这一时期聚落全面扩张，不仅在环境优越的中原等地区，而且早期由细石器文化所占据的北方和西方的很多边缘地区，也成了仰韶文化聚落的天下。渭河上游的天水地区与关中仅一山之隔，必然是庙底沟文化首先波及的区域。调查结果也显示，庙底沟文化时期的遗址非常丰富，有多个规模较大的聚落（图 10）。

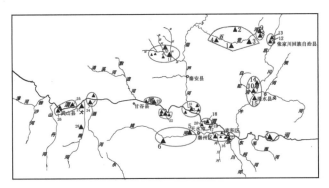

1. 大地湾遗址 2. 王家阴洼遗址 3. 南山遗址 4. 雁掌坪遗址 5. 师赵村遗址 6. 西山坪遗址 7. 蔡科顶遗址 8. 圪垯川遗址 9. 苗圃园遗址 10. 郭嘉遗址 11. 寺咀坪遗址 12. 坪桃堙遗址 13. 瓦盆窑遗址 14. 魏家峡遗址 15. 蔡家遗址 16. 马跑泉遗址 17. 张罗遗址 18. 董家坪遗址 19. 巧儿河遗址 20. 刘缑遗址 21. 樊家城遗址 22. 周家湾遗址 23. 渭水遗址 24. 刘家墩遗址 25. 大坪头遗址 26. 石岭下遗址 27. 西旱坪遗址 28. 观儿下遗址

图 10　天水地区仰韶中期聚落分布示意图

（二）仰韶文化中期的聚落分布及特点

1. 秦安清水河流域仰韶中期聚落

以大地湾遗址为中心，呈扇形分布的雁掌坪遗址、王家阴洼遗址、南山遗址四个聚落应该延续并发展了仰韶早期的聚落形态。从经过发掘的大地湾遗址和王家阴洼遗址可以看出，仰韶中期的遗存也是非常丰富。大地湾遗址中第三期文化属仰韶中期文化，聚落由早期位置已经扩展到台地，面积扩大。房屋建筑中出现了双联灶，少数房址居住面采用料礓石末加工而成。袋状窖穴增多，陶窑出现环形火道。很多的迹象表明中期文化较早期发展提高很多；王家阴洼遗址的遗迹主要为仰韶中期的墓葬，房址和灰坑较少。在 625 平方米的发掘区发现墓葬 63座，分为东、西两个墓区，并有外围壕沟，说明经过了规划设计。王占奎先生曾研究过王家阴洼墓地，认为墓地延续时间约四五十年，从男女比例推测可能存在一夫多妻与一妻多夫制。这些都可以反映一个聚落发展的程度和方向[①]。清水河流域上游的圪垯川遗址和苗圃园遗址（张家川境内）发展了仰韶早期的聚落，延续到了仰韶晚期。

清水河南岸山体平缓，台地发育较北岸要好，规模较大的聚落多分布在河流南岸。聚落规模较仰韶早期有所增加，这与当时的环境和人口的变化有着直接的关系。北京大学李非等对葫芦河流域的古文化和环境进行了研究，认为从大地湾一期开始，历经仰韶早、中期，气温升高，降水量增加，雨水挟带着

---

① 王占奎：《王家阴洼墓地婚姻形态初探》，《考古与文物》1996年第 3 期。

山坡上的黄土沉积在河道中，地形变得较为平坦，山坡植被改善，人类向高纬度、高海拔的山坡上扩展[①]。同时，也会形成一些良好的台地，特别是山沟口容易形成洪积扇，慢慢也成为人类的栖息之地。

2. 秦安小西河流域仰韶中期聚落

小西河是葫芦河西侧的一条一级支流，上游由郭嘉河和显亲河汇入。此流域规模最大的聚落为寺咀坪遗址（图 11），位于郭嘉河与显亲河的交汇处，遗址全貌呈不规则三角形，大缓坡状，临河处平坦开阔，总面积达 30 多万平方米。

图 11　寺咀坪遗址全景（由南向北摄）

采集的标本中仰韶中期占少数，仰韶晚期多数，未见早期遗存。可推测，聚落在仰韶中期形成，仰韶晚期规模扩大。寺咀坪遗址向西，沿西小河逆流而上还有几处较大的遗址，分别

---

① 李非、李水城、水涛：《葫芦河流域的古文化与古环境》，《考古》1993 年第 9 期。

为郭嘉遗址、董家坪遗址、清淡坪遗址，均发现仰韶文化遗存，以中、晚期为主，郭嘉遗址还发现过早期遗存。四处聚落沿河呈线性分布，相互间直线距离均在两公里左右，非常紧密，应该形成了一个聚落群。

3. 张家川后川河流域仰韶中期聚落分布

由调查资料得知，后川河上游现张家川县城所在区域遗址分布比较集中，在张川镇的坪桃塬遗址和瓦盆窑遗址均发现仰韶中期的陶片，可辨器型有典型的重唇口尖底瓶、铁轨式口沿夹砂罐、彩陶卷沿盆等。两处遗址相距约两公里，规模相当，都位于后川河北岸一、二级阶地上。属于张家川县城附近最早的新石器时代遗址，为后来文化的发展奠定了基础。

4. 清水县牛头河流域仰韶中期聚落分布

牛头河为渭河一级支流，主要流经清水县境。仰韶中期的遗址集中在红堡镇附近，这里是白驼河、后川河和牛头河的交汇处。水源充足，台地发育良好。能确认有中期遗存的遗址有安家坪遗址、蔡湾遗址、魏家峡口遗址等，其中安家坪遗址存在仰韶早期的聚落。三处聚落呈三角形分布，面积都在几万平方米，属于中等聚落。

5. 秦州区耤河流域仰韶中期聚落

此区域发掘了师赵村遗址与西山坪遗址，师赵村三期与西山坪三期都为仰韶中期遗存，与庙底沟类型有其相同点，也有其自身特点。师赵村三期发现两座半地穴式房址，陶窑一座，灰坑一座，出土器物与第二期（仰韶文化早期）种类型式大体相同。房屋居住面一般都抹一层草拌泥，并经火烘烤。2019

年抢救性发掘中清理了一座大型房址一角，袋状半地穴，地面抹草拌泥并烘烤，有多根立柱，没有器物出土，推测为仰韶中期的可能性很大；西山坪三期在遗址中分布范围较小，文化堆积薄，出土器物较少。一定程度上说明这一时期的聚落延续时间较短，人口也较少。由孢粉分析可知，两处聚落禾本科植物开始增多，说明种植粟、黍类增多。动物种类简单，反映了狩猎经济有所减弱[1]。

6.麦积区渭河流域仰韶中期聚落

经多次调查，仰韶中期的遗址几乎都分布在渭河干流或者支流与渭河的交汇之处，支流上目前没有发现。东部元龙镇蔡科顶遗址（图12）包含了仰韶早、中、晚期遗存，说明这一

图12　蔡科顶遗址远景

① 中国社会科学院考古研究所：《师赵村与西山坪》，中国大百科全书出版社，1999 年。

聚落仰韶时期一直有人类活动。目前在此遗址周围没有发现规模较大的史前遗址，仅在此遗址东北约两公里处的上崖村发现了史前遗存，为一柱洞，底部填充了碎陶片和石子，年代不能确定。蔡科顶遗址再沿渭河向东则进入了秦岭大山之中，存在较大聚落的可能性很小。以此向西，沿渭河约12公里处有伯阳镇柴家坪遗址，20世纪50年代发现了人面形陶塑器盖，应为仰韶晚期遗存，后来几次调查未发现仰韶中期遗存。

现麦积区城区是耤河与渭河的交汇之处，周围过去发现了多处仰韶中期的遗址，但由于城市的扩建及高铁的修建，多数遗址所剩无几，很难采集到典型标本。较大遗址有马跑泉遗址、胡王遗址、三十甸子遗址、峡口遗址、白崖遗址、张罗遗址，分布在东西十几公里范围之内。马跑泉遗址与张罗遗址分据东、西两端，处在永川河与渭河、两旦河与耤河的交汇之地，规模较大，应是此一区域的两个中心聚落。其中，马跑泉遗址和罗家沟遗址（张罗遗址的一部分）早年经过了试掘，文化堆积丰富，属仰韶中期无疑，其他遗址都采集过仰韶中期的标本。这一区域聚落几乎都分布在渭河或耤河南岸，因为南岸台地发育良好，北岸山坡陡峭。向南向北山脉阻隔，很难扩展，是一个相对封闭的空间。各聚落之间距离很近，聚落域（聚落人群活动的范围）基本都重叠，可能形成了一个线性的聚落群。

麦积区渭南镇南河川所在地是渭河的一个大湾处，台地平坦宽阔。在渭河一级阶地上，以董家坪遗址为主，周围分布了几个较小遗址。董家坪遗址、刘缑遗址及巧儿河遗址都采集到了仰韶中期的遗存。董家坪遗址面积达15万平方米，巧儿河遗址4万平方米，刘缑遗址约2万平方米。三个聚落呈三角形分布，两处小遗址距董家坪都约两公里，形成单中心聚落群。

中滩镇所在地是葫芦河与渭河的交汇之处，北侧便是樊家城遗址，传说是唐代樊梨花所建，因而得名。经过多次调查，文化堆积丰富，早到仰韶中期，晚到东汉。总面积约30万平方米，史前遗存分布占据多数，属大型聚落遗址。其东北约3公里处是石佛镇王家屲遗址，东南是旧堡子遗址，西南是卦台山遗址，规模都较小，可能都为附属于樊家城聚落的小型聚落。

麦积区东端的新阳镇所在地是渭河约270度的大转弯处，是渭河穿过了一段山谷后冲出的河漫滩。地形为簸箕形，背山面河，是绝佳的人类居住之地。在这里，发现了多个文化丰富的遗址呈弧形分布且几乎连成了一片，有较大的两条季节性河流形成的冲沟为自然分界。冲沟的形成年代也许比遗址要晚。从东向西有胡家湾遗址、周家湾遗址、霍家坪遗址、胡大遗址。其中以周家湾遗址文化层堆积最厚，遗存最丰富，属于这个遗址群的核心区。一个明显的特点是，在这几处遗址中发现彩陶的概率明显增高，这表明此聚落群在当时的地位是比较高的，可能属于部落或者部落联盟的总部所在。

7. 甘谷县渭河干流流域仰韶中期聚落

甘谷西界与麦积区相连，新阳镇以西是渭河穿过山谷的一段，河道很窄。甘谷境内的渭河道较宽，河北岸台地发育良好，遗址分布密集。最东边发现的遗址有新兴镇渭水峪遗址、颉家村遗址（原渭阳镇遗址），皆包含仰韶中期的遗存。渭水峪遗址位于渭河北岸一级阶地上，面积约8万平方米。西侧约5公里处是颉家村遗址，面积约 1.5 万平方米。

磐安镇西有聂河注入渭河，交汇处形成了良好的台地。东为毛家坪遗址，西为刘家墩遗址，其中刘家墩遗址发现过仰韶中期的遗存，现在遗址破坏严重。刘家墩遗址斜对面的五甲坪遗址也发现了仰韶中期遗存，两遗址隔河相望。

8. 甘谷县石洼河流域仰韶中期聚落

20 世纪 50 年代在西坪乡发现了仰韶中期人面鲵鱼纹彩陶瓶（图 13），出土此瓶的地点即为石洼河流域的水泉沟遗址。石洼河为葫芦河的小支流，与流经西坪乡的一支小河汇聚，水泉沟遗址即在两条小河交汇处的台地上。遗址面积约 12 万平方米，除仰韶文化外还有齐家文化、汉代等遗存。在小支流上有如此大规模聚落实属罕见，此聚落应与秦安西小河流域的聚落关系密切，周围未发现其他遗址。

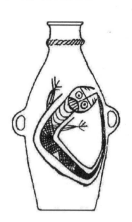

图 13　水泉沟遗址出土的人面鲵鱼纹瓶

9. 武山县渭河干流流域仰韶中期聚落

洛门镇与武山县城之间渭河北岸遗址分布较多，含仰韶中期遗存的遗址有大坪头遗址，面积达 10 万平方米（图 14）。
遗址所在台地四周陡峭，顶部平缓宽阔。大坪头遗址西约 7 公
里处为杜家楞遗址和石岭下遗址，都为仰韶文化聚落。石岭下
遗址发现了介于仰韶中期与马家窑文化之间的石岭下类型，是
研究东、西文化交流的重要线索。两遗址规模较小，可能依附
于大坪头，三处聚落形成一个聚落群。

图 14　大坪头遗址远景（由南向北摄）

10. 武山县大南河流域仰韶中期聚落

大南河是武山境内渭河的较大支流，两河汇聚处是天水第
一大镇——洛门镇。分布在河流两岸的遗址有西旱坪遗址、观
儿下遗址、南坪遗址，三处遗址都包含史前文化的遗存。观儿
下遗址发现了典型的仰韶中期庙底沟类型的器物。西旱坪遗址
台地宽阔，水源充足，面积达 25 万平方米，至今仍是人们生
活的好地方。南坪遗址位于大南河与一条支流的交汇之处。由
于现代砖厂的破坏，史前聚落遗址几乎消失，仅剩余周代的部

分区域。三处聚落间隔七八公里，应为相对独立的聚落。

综上，天水地区仰韶中期的聚落分布主要在渭河干流两岸及渭河以北较大支流两岸，渭河以南极少，其数量和规模已经远超于仰韶早期。这些聚落中一部分在仰韶早期的聚落上发展而来，部分聚落是新形成的，这反映了仰韶中期人口增加，早期聚落域中的自然资源已不能满足人类的生存，迫使一部分居民向四周扩散，寻找新的栖居之地，逐渐形成新的聚落。渭河以北水系发达，黄土厚实，适合人类农业发展的台地较多。而渭河以南大部分地区属秦州、麦积南部的山区，山体陡峭，且多石体，黄土覆盖较薄，适宜人类耕种的台地偏少。由于自然环境的不同，人类的扩散首选环境条件较好的区域。

四、仰韶晚期文化和聚落

（一）发现和研究

仰韶文化晚期，一般认为是距今5500年—5000年左右。这一时期属于全新世大暖期后期，气温有所下降，但仍然是适宜的生态环境。大暖期形成的早期农业继续向前发展，并成为主要的经济形态。距今5200年左右，发生了气候突变事件，某些地区落叶阔叶树消失，采集经济可能受到了一些影响，反过来促进了农业的发展。经调查，渭河上游地区仰韶晚期的遗址遍地开花，在仰韶中期的基础上急剧扩张，形成了多处大型聚落和聚落群（图15）。距今5300年左右时，在甘青地区马家窑文化兴起，早期被称为"甘肃仰韶文化"，其绚丽的彩陶成为此文化突出的特点，与中原地区仰韶晚期文化有明显的区

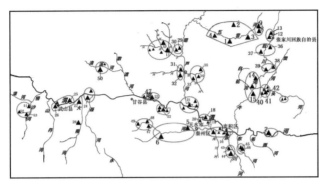

1. 大地湾遗址 2. 王家阴洼遗址 3. 南山遗址 4. 雁掌坪遗址 5. 师赵村遗址 6. 西山坪遗址 7. 蔡科顶遗址
8. 圪垯川遗址 9. 苗圃园遗址 10. 郭嘉遗址 11. 寺咀坪遗址 12. 坪桃塬遗址 13. 瓦盆窑遗址 14. 魏家峡遗址
15. 蔡场遗址 16. 马跑泉遗址 17. 张罗遗址 18. 董家坪遗址 19. 巧儿河遗址 20. 刘继遗址 21. 樊家遗址
22. 周家湾遗址 23. 渭水峪遗址 24. 刘家墩遗址 25. 大坪头遗址 26. 石岭下遗址 27. 西旱坪遗址 28. 观儿下遗址
29. 崖背里遗址 30. 伏洼遗址 31. 雒家川遗址 32. 高窑坪遗址 33. 康坡遗址 34. 磁子坪遗址 35. 蔡萃村遗址
36. 崔湾遗址 37. 韩峡遗址 38. 柳滩里遗址 39. 上成遗址 40. 永清堡遗址 41. 小塬遗址 42. 祝英台塬遗址
43. 吴家河遗址 44. 寺坪遗址 45. 柳家河遗址 46. 北坪遗址 47. 上花坪遗址 48. 山坪里遗址 49. 杨家坪遗址
50. 礼辛镇遗址 51. 博家门遗址 52. 北堡遗址 53. 晋家坪遗址

图15 天水地区仰韶晚期聚落分布示意图

别。有学者认为是由东来的仰韶文化发展而来，有些持不同的观点。但就目前来看，中原仰韶晚期文化与马家窑文化难以区分，仅在彩陶上有区别，但彩陶占的比例还是很小。因此，本书暂时把马家窑文化归入仰韶晚期。天水地区的秦安清水河流域、葫芦河干流流域、小西河流域、张家川县和清水县的牛头河及其支流流域、甘谷和武山的渭河干流流域和支流流域仰韶中期的聚落在其基础上继续发展，大型聚落规模更大，中、小型聚落数量增加，几乎所有的仰韶文化遗址中都发现了仰韶晚期的遗存。

仰韶晚期文化在遗存面貌上有很大的变化，尤其是器物方面。彩陶较中期明显减少，开始出现了灰陶。红陶器多有体量较大的陶缸、瓮等，制作工艺较为粗糙，纹饰多泥条、泥饼形成的附加堆纹。聚落等级分化明显，在一些区域形成了超大规模的中心聚落。大地湾遗址的仰韶晚期聚落就是渭河上游地区的典型中心聚落，其规模较中期增加十多倍，主体面积达到50万平方米。依山势形成了由高到低的坡状分布，俗称"簸箕形"地貌，有明显的南北向中轴线，中轴线上多分布大型建筑（房址记为 F），如编号为 F400、F405 和 F901。其中以F901 最为宏伟壮观，面积达 420 平方米，为多间复合式建筑，居住面坚硬光洁、做工讲究，号称"史前水泥地面"。郎树德先生对大地湾遗址的聚落有较为详细的研究①，认为大地湾遗址的聚落形态从前仰韶时期到仰韶晚期经历了台地散点式、台地环壕式到山地型的发展演变过程。这不仅是大地湾遗址独有的模式，应该是黄土峁梁地区中心聚落发展的基本模式。

（二）仰韶文化晚期的聚落分布及特点

1. 清水河流域仰韶晚期聚落——以秦安大地湾遗址为中心的聚落群

大地湾遗址在仰韶晚期的聚落面积达到了 50 万平方米，郎树德先生称为聚落系统的地区中心。发现的大量房址，可分为三个等级，最大的房址编号 F901，面积达 420 多平方米，有人称为"最早的宫殿建筑"，前有约 1000 平方米的大型广场。推测为一处举行地区性社群活动的中心场所。这一区域的聚落东西扩展，在 20 公里内的清水河南岸由东向西分布有较大聚落南山遗址、刘家湾遗址、大地湾遗址、雁掌坪遗址、田家寺

①郎树德：《甘肃秦安大地湾遗址聚落形态及其演变》，《考古》2003 年第 6 期。

遗址，仰韶晚期的遗存最为丰富，也许已经形成巨大的聚落联盟。清水河流域可以说是天水地区史前文化的一个中心发祥地，也是渭河上游史前文化发展的重要区域。

2. 秦安葫芦河干流仰韶晚期聚落

秦安境内的葫芦河干流由北向南，流经区域多为峡谷，两侧多石崖，山势陡峭，发育良好的黄土台地极少。从伏家峡至杨寺村河道蜿蜒狭窄，几乎不见遗址分布，直至安伏镇杨寺村以南才开始陆续发现遗址。第一处便是杨寺村的崖背里遗址，位于葫芦河西岸二级阶地之上。此遗址很早就发现了仰韶晚期的遗存、齐家文化以及寺洼文化等遗存。2019 年成纪之星项目组进行了调查，在断崖上发现了一段 4 米多的白灰面地面，厚度约 15 厘米，坚硬如水泥，与大地湾发现的"水泥地面"类似。以此推测有大型的房屋建筑，可知聚落级别也不低。向南 5 公里内的伏洼遗址、杨山坪遗址都发现了仰韶晚期的遗存，均为规模较小的聚落。

3. 秦安郭嘉河流域仰韶晚期聚落

郭嘉河因三国时期魏国谋士郭嘉而得名，是葫芦河的西侧支流。与显亲河交汇处是寺咀坪遗址，发现了大量的仰韶晚期遗存。聚落面积达 30 万平方米，从临河处至山脚都分布了仰韶晚期遗存，是目前葫芦河及支流流域内发现的仅次于大地湾遗址的聚落，是郭嘉河流域内的聚落中心。沿河而上 10 公里内又分布了董家坪遗址、郭嘉遗址、清淡坪遗址、马家坪遗址等仰韶晚期的聚落，其中郭嘉遗址和清淡坪遗址面积都在 10 万平方米左右。

4. 秦安西小河与南小河流域仰韶晚期聚落

西小河与南小河是秦安县城西侧和南侧汇入葫芦河的支流，三河汇聚冲刷出现在的秦安县城小盆地。西小河与葫芦河交汇处现属西川镇，南、北为高窑坪遗址和雒家川遗址，规模较小。南小河向南转弯处分布有础子坪遗址和康坡遗址，规模都较小。孙蔡村遗址位于南小河的一条支流北岸，台地发育良好，文化堆积丰富，面积约2万平方米，属于中等规模的聚落。

5. 后川河中下游流域仰韶晚期聚落

后川河流经张家川、清水两县汇入牛头河。张家川段仰韶文化遗址集中在张家川县城附近，坪桃塬遗址和瓦盆窑遗址由仰韶中期发展而来，仰韶晚期的遗存也很丰富，面积有所增加。向南3公里内的张川镇崔湾遗址和韩峡遗址中也发现了仰韶晚期遗存，规模较小。继续向南进入了清水县境，在黄门镇上成遗址和柳滩里遗址发现仰韶文化晚期遗存，聚落规模较小。

6. 牛头河流域仰韶晚期聚落

牛头河上游和下游流经区域均为深山峡谷，多石质山体，未发现史前遗存。中游区域为后川河、樊河、汤峪河等多支河流汇聚之处，形成了狭长的谷地，南北两侧有较多发育良好的台地。现清水县城附近分布了永清堡遗址、小塬遗址、祝英台塬遗址等多个古代聚落，此三处遗址几乎连在一起，中间被晚期形成的冲沟所隔断，也许仰韶时代即为一个超大型聚落。发现了大量的仰韶晚期遗存，三处面积超过了30万平方米，属牛头河流域最大的史前聚落遗址。东侧约7公里处发现两处小遗址程沟坪遗址和窑庄遗址，均发现仰韶晚期遗存，应为两处附属小聚落。

7.麦积区永川河流域和东轲河仰韶晚期聚落

永川河是渭河的一级支流,由南向北汇入渭河,仰韶中期时未发现人类遗存,仰韶晚期后出现了规模中等的聚落遗址。在甘泉镇的吴家河遗址和寺坪遗址发现了仰韶晚期、齐家文化遗存。吴家河遗址中发现了较大的白灰面房址,寺坪遗址中发现大量灰坑及陶片。两处聚落遗址面积均达到几十万平方米,但直线相距仅有4公里。从其遗存发现的丰富程度来看,寺坪遗址较为丰富。地形上,寺坪遗址也要优于吴家河。因此,寺坪遗址应是这一流域的中心聚落。

东轲河与永川河相距3~4公里,由南向北汇入渭河。上游街亭附近的北坪遗址和柳家河遗址发现了仰韶晚期、齐家文化遗存。两处遗址距离很近,没有明显的天然界线,可能为同一聚落,总面积约20万平方米,大部分被村庄所叠压。

8.秦州区耤河上游仰韶晚期聚落

前仰韶时期至仰韶中期,这一流域都有人类居住,但集中在中下游区域,上游自甘谷古坡乡至关子镇未发现。仰韶晚期始才出现人类遗存,在关子镇杨家坪遗址、耤口镇山坪里遗址、上花坪遗址都发现了仰韶晚期的遗存,应是中、下游仰韶中期人群沿河扩散而致。

9.甘谷清溪河流域仰韶晚期聚落

清溪河是散渡河的支流,渭河的二级支流。这一区域最大的遗址为礼辛镇遗址,面积达24万平方米,台地发育良好,发现了大量的彩陶,其中有典型的马家窑文化的器物。此遗址周围 20 公里内未发现规模较大的聚落，仅在河北岸相对处发现一处小遗址。是目前发现的渭河以北文化内涵最丰富、规模最大的聚落。可能是研究仰韶文化与马家窑文化之间关系的重要遗址。

10. 武山榜沙河流域仰韶晚期聚落

榜沙河是渭河的一级支流，流经武山县南部从鸳鸯镇汇入渭河，接纳了西侧的漳河、龙川河，至今径流量比较大。20世纪在榜沙河中游的傅家门遗址（图16）进行了发掘，揭露面积 1200 平方米，清理出房址 11 座、窖穴 14 个、墓葬 2 座以及各类器物近 1000 件，遗迹及遗物的文化属性为石岭下类型和齐家文化[①]。石岭下类型的年代与仰韶文化晚期基本重合，有学者认为此类型就是仰韶文化晚期在甘肃的地方类型。傅家

图 16 傅家门遗址全景（由东北向西南摄）

---

① 中国社会科学院考古研究所甘青工作队：《甘肃武山傅家门史前文化遗址发掘简报》，《考古》1995 年第 4 期。

门遗址总面积 40 多万平方米，揭露面积仅为 0.3%，聚落内部结构无法知晓。发现的房址建造方式与同时期的房址特征相同。此聚落为探讨仰韶文化、石岭下类型和马家窑文化提供了重要材料。

傅家门遗址向南 5 公里处为晋家坪遗址，规模也很大，面积超过 30 万平方米，现属定西市漳县所辖。其西 5 公里处为北堡遗址，位于龙川河北岸一级阶地上，发现了仰韶晚期遗存，面积约 10 万平方米。三处聚落呈三角形分布。

以上我们分析了天水地区仰韶晚期聚落分布情况，列出了十个聚落分布较集中，且存在中、大型聚落的区域，还有很多零散分布的聚落没有介绍。就此可以看出，一些聚落群是在仰韶中期的聚落群原地基础上发展而来，一些是新扩散的聚落。相对于仰韶中期，数量上急剧增加，规模上扩大了很多。中等规模以上的聚落有数十处。分布的区域由渭河干流流域及较大支流流域扩展到小支流，渭河以南分布的数量明显增加，且出现了大型聚落，如傅家门遗址、晋家坪遗址等。聚落分布的变化趋势是，由仰韶中期聚落占据的地理范围向四周扩展，在大的地理空间范围内又以大、中型聚落为中心向外扩散，形成了一些中、小聚落。扩散的路线必然是河流，河流网络的分布基本和聚落分布重合。

聚落的内部结构仅有大地湾遗址揭露较为清晰，其他几处经发掘的遗址由于发掘面积较小或者其他原因，都不清楚。郎树德先生对大地湾仰韶晚期聚落形态有过专门研究，笔者不再赘述。师赵村遗址 20 世纪发掘了 13 次，2019 年复旦大学主持又发掘 1 次，总面积达上万平方米，但都是选点发掘，没有成片揭露。2019 年，在原发掘区 II 区进行了大面积揭露，发现白灰面房址 4 处，较完整的 1 处。陶窑多处，灰坑多处。以仰韶晚期居多，少量齐家文化。推测这一区域可能是当时的制陶区，详细信息待田野报告发表后再做讨论。

天水地区仰韶时代晚期存在的史前文化较为复杂，是东西文化交流碰撞的主要区域。东边以关中地区为中心的典型仰韶文化向西扩展，西边以黄河上游的马家窑文化为中心向东发展。马家窑文化源于仰韶文化庙底沟类型，经石岭下类型发展而来，形成了独具特色的地方性文化，特别是彩陶的规模达到了中国彩陶的巅峰。东边仰韶文化到了晚期，即半坡晚期类型，彩陶趋于衰落。就以彩陶而言，东西发展走向了完全不同的道路，而这两种道路在天水地区都有所体现。天水东部的张家川县、麦积区、清水县、秦州区各遗址彩陶的比例极低，仅几处大型聚落中发现很少的彩陶。而在天水西部的甘谷县、武山县遗址中彩陶比例明显提高。学界一般认为，天水东部仰韶文化发展为常山下层文化（大地湾第五期遗存），进而发展为齐家文化。而天水西部经马家窑文化马厂类型发展至齐家文化。因此，天水地区是研究史前文化向青铜文化过渡的一个重要区域。

五、伏羲女娲传说的时代

古代文献有多处记载伏羲氏生长于成纪，古代之成纪多认为在天水境内或附近，因此天水在官方和民间都被称为羲皇故里，那女娲自然也生长于成纪。伏羲在古文献中有宓牺、伏戏、蜉戏等不同的写法，但实指同一人或者氏族。最早出现于《楚辞》的《大招》里，身份是一种乐调的创作者，而非一个古帝王。《战国策》中明确承认伏羲是神农以前的王者，而《战国策》成书时间已是秦统一天下之后。《庄子》《史记》《淮南子》等较早史书及以后很多史料都有伏羲的记载。《楚辞》的《天问》篇提到女娲，说"女娲有体，孰制匠之"，只是一个有名的女子而已，但在《淮南子》中已是一个改造天地的具有神性的人王了。关于伏羲女娲的形象在东汉尤其流行，留存下来的多为汉画像石。新疆地区也发现了唐代的帛画。伏羲与女娲多为人首蛇身，相互交缠（图 17）。

图 17 山东武梁祠中伏羲女娲画像

有关古成纪地地望，至今仍是个争论的话题，也许永远都是争论的话题。我们姑且不管它具体在哪里，知道一个大体的范围也就够了。地理位置大体在渭河上游一带，有学者认为就是天水一带。史料载，北宋初年在三阳川卦台山建有伏羲庙，后被破坏。天水现存全国最早的伏羲庙，始建于明代成化年间，后有修复。伏羲庙内从古至今一直延续有民间或官方的祭祀活动，说明了本地人们对祖先的崇拜有很深的渊源。近年来，对女娲、黄帝的祭祀活动也上升至官方，规模远大于从前。由一种祭祀仪式逐渐形成了祖脉文化，成为人们的一种精神寄托。

人们为什么要如此崇拜伏羲、女娲等上古传说之王呢？这可能是一个较为复杂的社会现象，也是人类精神层面对自然认知的一种延续。不是所有的人都了解人类的过去、大自然现象，但是每个人都有对未知世界了解的冲动。从人类的诞生到今天，这种现象一直存在。为了解释人类本身或者大自然现象，极少数的社会精英会发挥他们的聪明才智，探索或者想象，其中包括塑造一些"神人"，一些伟大的制造者和发明者。特别是对上古时期，由于没有任何文字记载，只能发挥想象力，伏羲、女娲、黄帝等因此而生。他们或许是一个氏族，或许是一个氏族领袖，这里我们不再深究。但他们所代表的时代考古学上称为史前时代，范围再小即为新石器时代。有一些伏羲文化学者，对伏羲文化的内涵给予了阐释，其中一部分即为伏羲氏族对社会发展所做的贡献，包括物质文明和精神文明两个方面的成就。

物质文明方面的成就有"结网罟，兴渔猎。豢养牺牲，发展牧业。做历度，兴农业。钻木取火，养蚕化布，建造屋庐"。这些成就基本涵盖了史前时期人们的发明创造和生活水平，非一个氏族所能，伏羲氏族可以认为是众多氏族的一个代表。《庄子·盗跖》中就有"古者禽兽多而人民少，于是民皆巢居以避之。昼拾橡栗，暮栖木上，故命之曰有巢氏之民"。这里明确认为建造屋庐为有巢氏所为。《周易·系辞下》中载："包牺氏没，神龙氏作，斲木为耜，揉木为耒，耒耨之利。"包牺氏即伏羲氏，耜、耒、耨都为农业生产工具，说明伏羲氏之后的神农氏创造了农具，开始了农业生产。可以看出，古代文献中也并未把众多功绩归于某一氏族，这是符合事物发展变化的规律的。考古发现就更难说明某项发明创造是某个氏族所为，只能拿文献记载和考古发现来进行大概的比较。

农业和养畜业的产生都是进入新石器时代的标志。新石器时代的初期（距今约 12000 年—9000 年），经济以采集狩猎为主，没有明显的农业和养畜业的痕迹。早期（距今约 9000 年—7000 年）才出现了定居村落（聚落）、农业、陶器和磨制石器等。秦安大地湾遗址中大地湾一期发现了炭化黍和油菜籽，动物鹿类和猪占了绝大多数，猪有家猪和野猪。但是农业和养畜业还是处于萌芽期。进入仰韶时代后，多地遗址发现农作物遗存粟、黍、稻等。仰韶中、晚期农具有较大的发展，种类较多，石铲有梯形、舌形、心形和有肩长方形等，很可能是文献记载的耜。某些遗址的灰坑壁上有长条形的工具痕迹，可能是耒。

"结网罟，兴渔猎"说明先民用渔网捕鱼，渔网多为有机质，在黄土地带保存时间较短，实物当然发现不了。但是在遗址中发现了石网坠、骨质鱼钩等捕鱼工具。鱼的形象在仰韶时期的彩陶上描绘普遍，网格纹在仰韶中期开始流行。这些发现都说明在仰韶文化时期，渔猎经济已是比较兴盛。"建造屋庐"是人类定居开始的重要行为，也是旧石器时代晚期人类的高度移动性发展至新石器时代早期有固定居住地的转变。大地湾一期就发现了4座圆形半地穴房基，口小底大，底径2.5米~2.6米，房屋结构简单、面积小、营建方法简陋。

至于"钻木取火，养蚕化布"则找不到实物证据。传说上古时代燧人氏钻木取火，但考古发现可知人类用火的历史可追溯到旧石器时代，但无法考证是用何种方式。养蚕相传为黄帝时代的嫘祖所创，渭河流域至今未发现任何线索，在长江下游的河姆渡文化发现最早的织布机构件，比黄帝时代早了很多。

传说中伏羲氏创造了很多物质文明和精神文明，对人类做出了巨大贡献，因此后人称为人文始祖。在甘肃天水、河南淮阳等地每年都要举行祭祀伏羲大典，已经延续了几十年。清水县近些年也兴起了祭祀轩辕黄帝的仪式，已经形成了天水的一个文化品牌——祖脉文化。始祖存在的时代可以称为始祖时代，如果拿文献记载和考古学来印证，则始祖时代最接近考古学上的大地湾一期至仰韶时期。

第三节　早期青铜时代的齐家人群

一、发现和研究

从仰韶晚期聚落的分布可以看出，距今5000年前天水境内比较适宜居住的台地上几乎都有古人类的踪迹，基本形成了现代村落的分布雏形。这个时期全国范围内的古文化都趋于分化，形成了特点鲜明的地方类型。甘肃中西部和东部文化的演变走了不同的路子，中西部以马家窑文化为主体，经历了马家窑类型、半山类型和马厂类型从早到晚三个大的发展阶段后进入齐家文化时期。而东部一般认为是仰韶晚期发展至常山下层文化（距今 4800 年—4200 年，大地湾遗址的第五期）再进入齐家文化时期。

齐家文化因最早在甘肃省广河县齐家坪发现而得名。分布范围广泛，涉及甘肃、青海、陕西、宁夏、内蒙古五个省（区），中心区域在渭河上游、洮河中下游与湟水中下游地区。年代距今约 4200 年—3600 年。已经进入了青铜时代，对应于中原的夏文化。距今 5300 年的气候突变后，温度回暖，经距今 4000 年左右的降温事件后，齐家文化时期处于一个气候干冷的时期。这种环境无疑会影响到人们的生活生产方式，包括了对栖息地的选择，体现在聚落分布上。据 20 世纪 90 年代李非等对葫芦河流域的考古调查，从仰韶晚期、常山下层文化时期至齐家文化时期，遗址数量增加了 370%，然而遗址的平均规模和文化层厚度分别递减了 61% 和 38%。表明该地区人口数量在增长，但聚落规模逐渐减小，流动性逐步增强①。对于天水境内的齐家文化，目前　研究成果不是很突出，很少有学者对此一区域甚至甘肃东部范围内做系统性研究。一方面因为齐家文化分布范围非常大，几乎绝大多数史前遗址都有，但又缺乏特别突出的大规模遗址。另一方面是针对齐家文化的考古工作比较少，还不够深入。20 世纪 70 年代末，谢端琚先生通过从秦安寺咀坪遗址和天水七里墩遗址采集的几件较为完整的陶器判断，它们为齐家文化早期代表。齐家文化和客省庄二期交流频繁，但

---

① 李非、李书城、水涛：《葫芦河流域的古文化与古环境》，《考古》1993 年第 9 期。

属于两个不同的文化系统①。20世纪八九十年代师赵村遗址发掘后，揭露了一些齐家文化房址、灰坑等遗迹，出土了丰富的石器、陶器等遗存，发掘者定为第七期，并定性为齐家文化的地方类型。张忠培先生曾认为师赵村七期应为客省庄二期文化，非齐家文化②。韩建业先生认为，齐家文化形成于甘肃东南部，以师赵村七期遗存为代表，其特点与陕西的客省庄二期文化的前期相似③。总之，对于天水地区齐家文化的研究尚处于初级阶段，很多问题还不明朗，这必须依赖今后考古工作的深入开展。

二、齐家文化的人群与生业

经过全国三次文物普查，还有各个研究团体不同程度的调查，基本上对天水地区齐家文化遗址分布有比较全面的了解。由于三普资料没有完全公布，所以大家看到的一些文章统计、引用的都是小部分。笔者近十年一直致力于天水地区古文化的调查、发掘和研究，对齐家文化有一些新的认识。首先，齐家文化遗址几乎遍及所有人类能够生存的地方，甚至一些现在看来不适宜人类生存的山巅沟壑都能发现齐家文化的遗存。这完全颠覆了过去考古学家认为的"风水观念"，造成了过去调查时漏掉了很多遗址。其次，齐家文化遗址一般海拔较高，规模

---

① 谢端琚：《试论齐家文化与陕西龙山文化的关系》，《文物》1979年第10期。

② 张忠培、杨晶：《客省庄文化单把鬲的研究——兼谈客省庄文化的流向》，《北方文物》2002年第3期。

③ 韩建业：《齐家文化的发展演变：文化互动与欧亚背景》，《文物》2019年第7期。

都偏小，大规模遗址数量极少，一般都为几千至几万平方米，文化层堆积普遍较薄。目前发现的最大的齐家文化遗址是甘南临潭磨沟遗址，面积约 40 万平方米。天水境内最大的齐家文化遗址目前还未调查清楚。齐家文化单个聚落的内部结构也仅仅通过个别已发掘的遗址窥其一斑。师赵村遗址发现了 26 座房址，形成了较大规模的建筑群，是迄今所见最完整的一处聚落址，居址与墓葬交错分布，对研究齐家文化聚落内部结构具有重要意义。

齐家文化聚落分布在仰韶晚期的基础上向外扩散，其数量上远远超过了仰韶文化晚期的聚落（图 18）。这种现象的形成，最重要的影响因素可能是气候的相对恶化，影响到农作物的生长和产出。同时加上人口的增加，有限的耕种土地已经不能满足人们的生活所需，导致人群向更大范围内扩散。另外，经对已发掘遗址的综合研究，齐家人其生业经济以种植谷物和畜养动物为主，食草动物的畜牧业和狩猎作为辅助经济的比例不断增加。表明人们的生活方式已经开始从农业向农牧业并重转化[1]。

齐家文化的人群以种植谷物和畜养动物（主要是猪）为主。居所多为半地穴式房屋，地面为白灰面，且更替频繁。从墓葬的随葬品可以看出，齐家人贫富差距很大，男性地位明显高于女性。经测定，距离甚远的青海柳湾齐家居民为蒙古人种，体质特征上与马家窑文化的半山、马厂类型人群相同[2]。距离较

---

[1] 刘莉、陈星灿：《中国考古学——旧石器时代晚期到早期青铜时代》，生活·读书·新知三联书店，2017 年。

[2] 潘其风、韩康信：《古代中国人种成分研究》，《考古学报》1984 年第 2 期。

近的临潭磨沟人群体质特征主要承继了甘青地区新石器时代的居民，而且受到关中地区新石器时代居民影响[1]。赵永军博士推测，磨沟齐家文化居民有向外迁徙的可能性，其中一条路线为向东迁徙，对关中、中原地区等居民产生影响，这条路线要经过天水地区，可能影响到青铜时代的辛店文化、寺洼文化等人群。

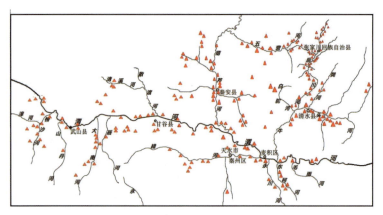

图 18　天水地区齐家文化遗址分布示意图

三、齐家文化的用玉和青铜器

齐家文化的遗址或者墓葬中出现了一定数量的玉石器，从形状上来看不具备工具的功能，应是作为礼器来使用。玉石器的种类以璧最常见，其次是琮和环。天水师赵村遗址第七期墓葬中就有璧、琮共存，清水县、秦安县等博物馆中也藏有当地出土的玉器，比如清水金集镇曾出土过玉璧、三孔玉刀和牙

---

① 赵永军:《甘肃临潭磨沟墓地人骨研究》，吉林大学博士论文，2013 年。

璋，陇东乡出土过三联璧（图 19）。玉璧和玉琮是长江下游地区良渚文化（距今 5300 年—4000 年）的典型器物，齐家文化中突然出现应该是受到良渚文化的影响，这种影响可能向西远至河西、青海地区。武威皇娘娘台和青海民和喇家遗址都有较多玉器发现。山西南部的龙山文化也发现了类似齐家文化的玉器。据研究，齐家文化玉器为当地制造毋庸置疑，但其玉料的来源还在探索中，可能有本地开采也有外来。多种迹象表明，齐家文化的人们接受了来自东方的某些意识形态传统，在跨地区的社会等级体系中用以表示其身份地位①。因此，玉器的出土给我们以后探索齐家文化较高等级的遗址提供了线索。

图 19 清水县金集镇出土的玉器

①刘莉、陈星灿：《中国考古学——旧石器晚期到早期青铜时代》，生活·读书·新知三联书店，2017 年。

中国的青铜时代可以说在齐家文化时期才正式拉开了序幕，尽管考古学者在早于齐家文化近一千年的马家窑文化遗址中发现了青铜器，但是很长时间内没有发展。齐家文化的遗址中发现了数量、种类较多的青铜制品，主要是一些小型工具和装饰品，如刀、锥、环、斧、镜、牌饰和矛头等。其中有不少是红铜材质，青铜有铅铜合金、锡铜合金、铅锡铜合金。某些冶金学者研究，齐家文化的铜器可能多为当地制造，因为在祁连山地区发现多处金属矿藏，成分包括红铜、锡、铅和砷。又在武威皇娘娘台遗址、张掖西城驿遗址等发现了炉渣、石范等冶炼证据。但也有学者认为，齐家文化的冶金的突然繁荣与西方或北方欧亚草原有关系。

第二章　夏商周文化及秦人远祖

第一节　夏商历史的文献记载

当西北地区齐家文化发展至中、晚期的时候，中原地区进入了夏王朝时期，中国青铜时代的序幕正式拉开。文献记载，夏代的创始人禹"出于西羌"或"兴于西羌"，这种后期说法也并非无源之水，一定程度上反映了夏与西北地区早就有文化交流。考古发现证实，齐家文化和中原夏王朝甚至更远的区域存在文化交流。齐家玉器受到良渚文化的影响，这是学术界的普遍认识，还有其他物证。

天水市博物馆藏有一件镶嵌绿松石的铜牌饰（图20），20世纪90年代之前一直没人在意，且把时代定在战国。后来陕西考古研究所张天恩先生调查博物馆时发现此物，非常惊奇，于是撰文提出这件铜牌饰是二里头文化的典型器物，是二里头文化和齐家文化之间交流的重要线索[①]。近年陈小三、庞小霞等学者也著文，无不提到天水的铜牌饰。虽然齐家文化与二里头文化之间的交流毋庸置疑，但夏王朝的政治力量并未波及至

[①] 张天恩：《天水出土的兽面铜牌饰及有关问题》，《中原文物》2002年第1期。

天水地区。

图 20　天水市博物馆藏铜牌饰

　　夏商之际，与天水有关的历史记载就是秦人的祖先了。《史记·秦本纪》记载秦人的远祖大费，也称伯益，辅佐舜帝调训鸟兽，辅佐大禹治水有功，舜帝赐了赢姓。其后世子孙生活在今天山东及其周围，历史文献中为东夷集团，考古学文化为岳石文化系统。夏代末期，东夷集团中的畎夷族和商族组成反夏同盟，进军中原。畎夷族后来留居西方，活跃于泾渭流域。一些学者认为赢秦族即为畎夷的一支，当然也有学者持不同意见。关于秦人先祖的研究已历经几十年，所见著作文章非常之多，本书不再赘述①。

　　渭河上游地区夏商时期的考古遗存发现甚少，天水地区几乎为空白。仅有博物馆所藏的个别器物，但也非考古发掘所得。

①关于赢秦历史可参阅祝中熹《早期秦史》和《甘肃通史》（先秦卷）。

2006 年，毛瑞林、梁云等撰文认为清水县博物馆藏有一批商式陶器，有陶鬲、豆和罐[①]，几年后李崖遗址的研究确认了那些器物并非商代器物。目前考古所知，商代文化西界在关中西部，代表遗存称为"京当型"，这类遗存未越过陇山，对此张天恩先生有专门研究[②]。因此，天水地区在商代应生活着一些土著居民，他们所使用的考古学文化应为寺洼文化的前身。

直到进入西周时期，有极少零星分散的周文化、土著的寺洼文化逐渐兴起，由东而来的嬴秦族慢慢发展壮大。这一时期，渭河上游地区分布的考古学文化主要为寺洼文化、周文化和秦文化。东周时期，寺洼文化退出，具有北方草原风格特征的西戎文化进入，二者分布范围相差不大。秦汉时期，在大一统王朝的统治下，遗址数量多，分布广，几乎涵盖了整个渭河上游地区，族群间的融合成为历史主流。

周文化遗址主要分布在渭河干流及牛头河流域，遗存年代属西周早中期。秦文化遗址主要分布在渭河干流及其支流，集中分布在牛头河流域、中滩—石佛小盆地、磐安—洛门小盆地三个区域，遗存年代属西周中晚期至东周时期。寺洼文化及西戎文化遗址主要分布在葫芦河流域，渭河干流有零星分布。汉代遗址则遍布整个流域，天水中滩镇的樊家城遗址是其中之一。

---

① 毛瑞林、梁云、南宝生：《甘肃清水县的商周时期文物》，《中国历史文物》2006 年第 5 期。

② 张天恩：《关中商代文化研究》，文物出版社，2004 年。

第二节 西周边陲

一、西周遗存及史事

公元前 1046 年，周武王灭商，建立了西周王朝，国都设在丰镐遗址，即今天西安长安区。如果说渭河上游的"陇右"地区为关中的西侧屏障，那么天水地区就是西部屏障的第一道关卡，其重要程度不言而喻。但就近些年的考古发现来看，还未能体现其重要性。张天恩先生有文阐述周王朝对陇右的经营，认为周灭商前后，周王朝已经巩固了包括陇山以西在内的泾渭地区战略后方。伐纣以后，战略目标是对新占领的广大东方地区的有效管理和统治，经略陇右已处于重要的位置[①]。加上横亘在中间的西秦岭山脉以及奔流的渭河，很大程度上阻碍了两地交流，实为西周王朝的边陲之地。近些年来，天水地区未发现较大规模的典型西周文化的遗址或遗迹，仅有零星的墓葬和遗物。1981 年，中国社科院在师赵村遗址发掘西周墓葬3 座，2 座保存较好。皆为窄长形，正南北向，人骨为仰身直肢葬，头部各随葬 2 件陶器[②]。2019 年，为了修天平高速公路再次进行发掘，又发掘了 5 座西周墓，墓葬特征和随葬器物与1981 年的 3 座完全一致。两次发掘的墓葬年代均为西周早期，与西安丰镐遗址的张家坡墓地西周早期器物基本一致，是典型

---

① 张天恩：《周王朝对陇右的经营与秦人的兴起》，《周秦社会与文化研究——纪念中国先秦史学会成立 20 周年学术研讨会论文集》，陕西师范大学出版社，2003 年。

② 中国社会科学院考古研究所：《师赵村与西山坪》，中国大百科全书出版社，1999 年。

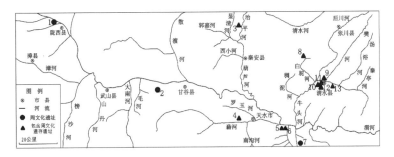

1. 陇西西河滩遗址 2. 甘谷秦家坪遗址 3. 秦安杨寺遗址 4. 天水师赵村遗址

5. 天水三十甸子遗址 6. 天水马跑泉遗址 7. 麦积区北坪遗址 8. 清水白驼遗址

9. 清水李崖遗址 10. 清水蔡湾遗址 11. 清水永清堡遗址 12. 清水后峪遗址

13. 清水祝英台塬遗址

图21　渭河上游西周文化遗址分布图

（图采自王璐硕士学位论文）

的西周器物；2017 年，秦文化与西戎文化项目组对天水地区做了详细的调查，新发现两处以明确的西周文化为主的遗址（图21）：麦积区北坪遗址和甘谷县秦家坪遗址。这两处遗址未见有任何资料披露，下面做以简单介绍：

北坪遗址位于甘肃省天水市麦积区甘泉镇八槐村北，地处东轲河北岸的台地上，部分被现代村庄叠压。调查时发现灰坑、墓葬等遗迹，采集到绳纹灰陶片。在北坪村村民家中见到一件西周早期的完整灰陶鬲（图22-4），由此确认此遗址年代能到西周早期。

秦家坪遗址位于甘谷县武家河镇秦家坪村南，西侧为永宁沟，遗存中部有东西向小冲沟，地势呈坡状，面积在 20 万平方米以上。采集有大量绳纹灰陶片，器型包括鬲、盆、豆、喇叭口罐等。遗存年代从西周早中期至春秋晚期都有。

这些西周早期遗址的发现，能够进一步说明西周早期周人在天水地区扎下了根是毫无疑问的，应该在其人口数量上是有一定的规模的。但就目前的发现来看是远远不够的。因此，周人的去向是一个值得关注的问题。笔者利用一些线索大胆对周人的去向做一些推测：由于当地土著人即西戎的兴盛把周人驱赶出天水地区。西周时期天水地区寺洼文化发达，遗存分布较广，相比周人势力可能要强很多。2017年在师赵村发现过一座特殊的墓葬，其位置与几座西周墓相同。墓葬为南北向长方形，墓主人骨散乱，头骨和部分肢骨缺失。填土中葬有寺洼文化陶器，还有半个头盖骨。头盖骨断面整齐，应该为利刃所劈。墓葬所展现的就是一幅战争的残酷场面。从随葬品来看，墓主应为寺洼文化人，可能为周人所杀。填土中的半个头骨也许为周人被杀后当作祭品。我们从墓葬的情形可以推测那个时候周人和寺洼人为了争夺地盘或者资源冲突不断，最终周人被迫西迁。20世纪60年代在西距天水不远的陇西西河滩遗址发现过西周遗存，那里地势开阔，水源充足，适宜农耕定居。曾发掘出房址、窖穴等遗迹和墓葬，清理了16座墓葬与关中西周墓相同，张天恩先生曾戏诗"陇西西河滩，西周最西端"。在天水至陇西一百四十多公里的范围内，可能不乏西周遗址，这将是以后研究西周对西土开拓的重要区域。就像2017年宁夏彭阳县发现的姚河塬遗址一样，更新了人们对西周边疆经营模式的认知。在文化复杂、诸戎共存的大原上，周人从商代晚期驻扎至西周中期，镇守着王朝的西北门户。

除遗址外，我们还了解到散见于天水的一些西周早期的器

物，其中麦积区早年发现两件级别很高的青铜器（图22-2、3），
令人震惊。当时从旧资料中看到时就讨论过，在器物的体量大
小和器形特征上都非同一般。裴建陇敏感地注意到这点，由此
他对天水及礼县散见的西周器做了梳理和研究（图22），认
为至少在西周早期周人不仅到达了渭河上游，更是南渡渭河翻
越西秦岭来到西汉水流域，为后来秦人的到来奠定了基础[①]。
笔者在下文就麦积区发现的西周早期的青铜器做了专门考察，
从来源和年代上做了讨论。总之，对于西周王朝对西土的开拓
应该重新认识。

1. 天水采集 2. 东泉（马跑泉） 3. 甘泉收购站 4. 麦积区北坪村
5. 西安张家坡 6-7. 天水师赵村 8. 天水地区

图22 天水地区出土的西周器物

---

① 裴建陇：《周秦史事与考古发现的局部整合——以西周时期渭河
上游为时空框架》，《天水师范学院学报》2017年第1期。

二、天水麦积区西周青铜簋的初步研究

（一）来源问题

此件青铜簋最早著录于 1984 年编著的《天水县文物志》，县志中记录其来源为 1967 年收购于甘泉收购站，出土地点不明（表 1，1）。志中描述为：该器侈口，鼓腹，两耳为兽首长舌形，耳下有珥，圈足、腹饰直棱纹，口沿、圈足饰弦纹和目纹，口沿前后各饰一兽首。高 18 厘米、口径 23 厘米，圈足直径为 19.5 厘米，无铭文。时代定为西周时期[①]。从天水县志记载来看，唯一的线索是此物收购于甘泉收购站。甘泉收购站在 20 世纪 80 年代应在甘泉公社所在地，即今天的甘泉镇，位于天水市麦积区中部，渭河支流永川河的西南岸。可以推测，此青铜簋应该出土于现甘泉镇周边不是很远的地方。从这件簋的器形大小而言，相较灵台白草坡 M1：10、石鼓山 M2：3 等器稍大，再结合已发掘墓葬规模，基本可以认定应该出土于中等以上贵族墓葬。尽管在天水地区至今没有发现可以确定的西周早期的遗址，但在各博物馆以及私人已经收藏有不少西周早期的陶器、铜器等。比如甘肃省博物馆藏有一件青铜壶，有铭文"举父丁"，出自天水地区[②]。礼县博物馆藏有西周早期陶器（礼县曾属天水地区）。1955 年《文物参考资料》刊登《甘肃天水居民捐赠珍贵文物》一文，提到东泉乡胡姓人家向公家捐赠一件青铜簋（图 22-2），捐献者称出自东泉地下。此簋

---

① 天水市文物志编委会：《天水县志》，1984 年。

② 钟柏生、陈昭容等：《新收殷周青铜器铭文暨器影汇编》，台湾艺文印书馆，2006 年。

高 22 厘米、口径 30 厘米。从模糊的图片看出，为高圈足双耳
簋。耳部有小勾珥，兽首耳部硕大。腹部有扉棱，饰直棱纹。
颈部和圈足饰高浮雕，具有典型的早期周式风格。遗憾的是实
物遗失，不知去向。此文中东泉乡即现在的麦积区马跑泉镇，
距甘泉镇约 12 公里，同属永川河流域。

上述列举西周早期遗存仅是很小一部分，绝大部分也许还
深埋地下。这些遗存的发现不是偶然的，而是几千年前历史显
露出冰山一角。《史记·秦本纪》中记载申侯劝谏周孝王欲以
非子为大骆适嗣所说"昔我先郦山之女，为戎胥轩妻，生中潏，
以亲故周，保西垂，西垂以其故和睦"，中潏为秦人先祖，可
能生活在商王帝乙前后，属商代后期。此记载说明在商代后期
周王朝即派大臣驻守西垂之地。周之西垂之地应是陇山以西。
张天恩先生也认为"约当帝乙前后，以中潏为首的秦人就开始
西迁到陇右，为周保卫西垂了"[①]。周人灭商初期，需要对新占
领的东方地区进行管理和统治，陇右地区作为战略后方依然不
能放松控制。为了王畿之地的安全，对其王朝西大门加强保障
是必然的。其中一个重要的举措就是西周初年迁殷遗民充实到
各处，特别是周室边防要地。同时殷遗民必然是受周人管理，
这就出现了周人与殷遗民在较大范围内处于共同生活的状态。
比如在灵台县就是这种情况，近些年发现多处西周时期墓葬，
可分为两类：一类是周人墓，另一类是殷遗民墓。白草坡墓地

① 张天恩：《周王朝对陇右的经营与秦人的兴起》，《周秦社会与
文化研究——纪念中国先秦史学会成立 20 周年学术研讨会论文集》，陕
西师范大学出版社，2003 年。

墓主溓伯、隙伯等就是殷商旧贵族[①]。由此可推，自史前时代就是适宜人类居住的天水地区应该也是周王朝迁徙殷遗民的理想之地，而殷遗民的管理者定是周人。其中免不了存在地位较高的周室贵族，出现高规格青铜礼器也就在理了。随着考古工作的推进，天水地区西周时期的周文化面貌应会逐渐清晰。

（二）青铜簋断代

从青铜簋的器形和纹饰，可以判断为西周器物是没有疑问的，具体能到西周哪个阶段，需要进行深入的断代研究。器物断代研究最基础的方法是类比法。

首先，要考虑的是器物所在地及周边地区。就目前所知，经过科学发掘的西周时期的墓葬主要集中在泾河上游平凉地区的灵台县、崇信县，其余分散在天水师赵村、甘谷毛家坪、清水李崖和礼县西山等遗址。从 20 世纪 60 年代至 80 年代，在灵台、崇信地区清理发掘了近两百座墓葬，大部分为小型墓葬。其中出土有青铜礼器的有灵台县姚家河、西岭、洞山、白草坡和崇信县于家湾等处。除此，仅礼县西山遗址。在这些出有青铜礼器的墓葬中，姚家河 M1 出铜簋 1 件、西岭 M1 出铜簋 1 件。灵台白草坡 M1 和 M2 共出土铜簋 5 件，其中 M1∶8 和 M1∶9 形制纹饰相同，M2:11 和 M2:12 形制纹饰相同[②]。崇信于家湾墓地共出 4 件青铜簋，其中 3 件出于 M9，1 件出于 M20，均为

①甘肃省博物馆文物工作队：《甘肃灵台白草坡西周墓》，《考古学报》1977 年第 2 期。

②甘肃省博物馆文物队、灵台县文化馆：《甘肃灵台县两周墓葬》，《考古》1976 年第 1 期。

乳钉纹簋[1]。礼县西山遗址 M2003 出土了两件铜簋，均带盖[2]。

　　根据类型学原理，与麦积区博物馆藏青铜簋可归为一型的有姚家河 M1:2、白草坡 M2:11、M2:12 、M1:8 和 M1:10，都为双耳高圈足簋。从纹饰上进一步区分，则与其最接近者为白草坡 M1:10（表 1，2）。为直棱纹双耳簋。侈口，腹下部微鼓，高圈足，双耳有珥。颈部饰四瓣目纹与圆涡纹相间的带状纹，腹饰直棱纹，圈足纹饰与颈部相似。M1 和 M2 都为西周早期墓葬，M2 稍晚于 M1。M1 中墓主人自作器属康王时期，因此 M1 为康王时期[3]。M1:10 的年代则最晚到康王时期，因此初步判断麦积区博物馆青铜簋的年代与 M1:10 相差不远，应在西周早期偏晚阶段。

　　再者，从此件青铜簋整体风格来看，具有浓厚的周文化因素，而西周早期周文化的核心区域即在陕西西部及关中地区。因此应在这一区域寻找更多的依据。1991 年于陕西省岐山县京当乡贺家村出土了一件类似的簋，有铭文"■■父戊"，称为■■父戊簋（表 1，3）。口沿外折，微鼓腹，高圈足，兽首耳下有珥。颈部饰一周涡纹与变形夔纹相间的带状纹。圈足饰一周涡纹与四瓣目纹相间的带状纹，腹饰直棱纹。通高 16.3 厘米、口径 21.6 厘米。现藏于陕西省岐山县周原博物馆，

---

①甘肃省文物考古研究所：《崇信于家湾周墓》，文物出版社，2009 年。

②赵丛苍、王志友、侯红伟：《甘肃礼县西山遗址发掘取得重要收获》，中国文物报 2008 年 4 月 4 日。

③甘肃省博物馆文物工作队：《甘肃灵台白草坡西周墓》，《考古学报》1977 年第 2 期。

年代为西周早期①。2012 年在宝鸡市渭滨区石鼓镇石嘴头村发掘了三座墓,分别为 M1、M2 和 M3,三座墓距离很近。其中 M2 中出有一件双耳簋(M2:3)与麦积区博物馆藏簋很相近。侈口,卷沿,鼓腹,圜底,圈足。兽首双耳,有垂珥。兽首高浮雕,大耳,圆目,头上起棱,卷翅,垂珥卷尾。沿下双耳间正中浮雕兽首,两侧间饰四瓣目纹、圆形涡纹。通高 15 厘米、口径 21 厘米、圈足径 17 厘米。年代为西周早期(表 1,4)。据简报,M3 规模最大,多随葬商代晚期的器物,认为 M3 应为西周早期,有可能至商末周初。M1 、M2 也为西周早期②。故 M2:3 的年代最迟不晚于西周早期。

笔者把麦积区博物馆青铜簋与有明确出土地点且有可靠年代的几件标本做一详细比较(表 1)。器形上,几件标本都相似,麦积区博物馆青铜簋双耳与口沿平齐,兽首甚至微高于口沿。纹饰上,耳部兽首兽身皆高浮雕,兽有大卷角。颈部与圈足纹饰都为四瓣目纹与圆涡纹相间组成的带状纹,颈部以兽面为对称中心。综合来看,最相似者为石鼓山西周墓 M2:3,器形上稍显低矮一些,其年代应在西周早期成、康时或更早阶段。

---

① 曹玮主编:《周原出土青铜器(卷十)》,四川出版集团、巴蜀书社,2005 年。

② 石鼓山考古队:《陕西省宝鸡市石鼓山西周墓》,《考古与文物》2013 年第 1 期。

表1　麦积博物馆藏青铜簋与其他地方青铜簋比较

麦积区博物馆 青铜簋	甘肃境内	陕西西部及关中地区	
  1. 正视图	 2. 灵台白草坡 　 M1:10	 3. 　 父戊簋	 4. 石鼓山西周墓 　 M2:3
  5. 耳部兽首	 6. 灵台白草坡 　 M1:8耳部	 7. 　 父戊簋 　 耳部	 8. 石鼓山西周墓M2 　 b:3耳部
  9. 麦积簋颈部纹饰		 10. 　 父戊簋颈 　 部纹饰	 11. 石鼓山西周墓 　 M2:3颈部纹饰
  12. 麦积簋圈足纹饰		 13. 　 父戊簋 　 圈足纹饰	 14. 石鼓山西周 　 墓M2:3圈足纹饰

三、寺洼部族

（一）寺洼文化遗址分布

寺洼文化系 1923 年瑞典人安特生在甘肃临洮寺洼山遗址首次发掘的青铜时代的遗存。主要分布于甘肃中南部的洮河、白龙江、西汉水，东部的泾河及其上游。重点发掘了庄浪县徐家碾、西和县栏桥、合水县九站等遗址。出土遗物多为陶器，以褐色为主，器形以马鞍口罐为代表。青铜器较少，多见戈、镞。年代为商代晚期至西周晚期。寺洼文化的族属现在一般认为是羌人或支系。

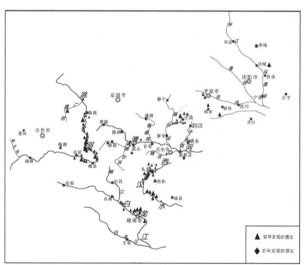

图 23　甘肃东部寺洼文化遗址分布示意图

根据目前已发表的资料，笔者进行了不完全统计。寺洼文化遗址、墓地和遗存发现 80 多处。分布集中的地域有 4 个：洮河中下游地区、白龙江上游地区、西汉水上游地区、南北水洛河中下游地区。除此之外，在渭河支流漳河、榜沙河、山丹河、耤河、牛头河，以及泾河、马莲河流域也有少量分布。绝大部分分布在甘肃东部地区，陕西宝鸡地区有零星分布。宁夏南部也发现了寺洼文化遗存（图23）。

在已发现的80多处分布点中，多为20世纪调查所得。近十几年来，早期秦文化联合考古队对牛头河流域、西汉水流域、渭河上游进行过系统性调查，并对一些重要遗址进行了发掘，发现了一些新的寺洼文化遗存，比如礼县高寺头遗址、清水李崖遗址、武山石岭下墓地等。另外，调查过程中在武山县博物馆、天水市麦积区博物馆也发现了一些寺洼文化器物，保管人员介绍这些器物发现于武山县山丹镇车岸村、滩歌镇樊家庄、咀头乡咀头村等地。甘肃省文物考古研究所与西北大学在临潭磨沟墓地、岷县占旗墓地进行了发掘，出土了丰富的寺洼文化遗存。近几年又在天水师赵村遗址、麦积区玉兰小镇工地抢救性发掘了几座墓葬，填补了天水一些区域寺洼文化的空白（图24）。

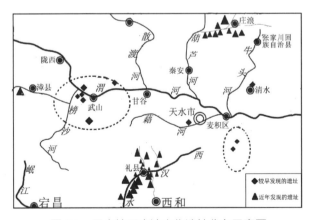

图24 天水地区寺洼文化遗址分布示意图

（二）遗存年代与人群来源

学者对已调查和发掘的寺洼文化进行了考古类型学分析，分为寺洼山类型、栏桥—徐家碾类型和九站类型。按照地理位置，天水地区位于栏桥—徐家碾类型的中间，此类型的特点是有大量的双马鞍口双耳罐和簋式豆。而天水出土或馆藏的寺洼文化陶器也表现出这个特点，因此天水地区的寺洼文化应归属为栏桥—徐家碾类型。至于这个类型的年代，还是有不同的观点，赵化成先生把西和栏桥墓地的年代定在商代晚期或西周早期[1]，徐家碾墓地发掘者定为先周古公亶父迁岐前后至周武王时期[2]，相当于商代晚期至西周早期。两处相隔较远的墓地其年代跨度基本相同。天水师赵村遗址发现的寺洼文化墓葬和西周早期墓葬属于同一层位，其年代也应在西周早期。李崖遗址中寺洼遗存与西周中期秦文化共存，稍晚一些，属于西周中期。

从寺洼文化遗址的分布来看，天水地区的寺洼文化很分散，基本没有形成大的聚落群。西周时期，与寺洼文化同时的有周文化和早期秦文化，这在师赵村遗址和李崖遗址中均有体现。三种文化代表的人群有战有和，西周早期以寺洼文化和周文化的共融与冲突为主，中期以后即是寺洼文化和早期秦文化此消彼长的矛盾冲突。尤其是天水市城区至甘谷这一线寺洼文化分布甚少，这一现象正好从侧面反映了西周时期这一区域其

---

① 甘肃省文物工作队、北京大学考古系、西和县文化馆：《甘肃西和栏桥寺洼文化墓葬》，《考古》1987 年第 8 期。

② 中国社会科学院考古研究所：《徐家碾寺洼文化墓地》，科学出版社，2006 年。

他势力的强大或者自然环境不适合寺洼人群的生活模式，这是一个需要长时间深入探讨的话题，目前的文献资料和考古发现还不能完全解释清楚。

过去很长时间，学术界普遍认为寺洼文化来源于齐家文化，但缺少充分的证据。2006 年临潭磨沟墓地的发掘给寺洼文化的来源问题提供了有力的线索，以至现在很多学者认为寺洼文化的源头与磨沟墓地的乙类遗存有密切的关系。在没有更多更新的资料出现之前，目前我们认为寺洼文化即来源于洮河中上游，然后向东扩散，最终在渭河流域、西汉水流域、泾河流域都有分布。从遗存特点上看，渭河、白龙江、西汉水流域以双马鞍口双耳罐为代表，而泾河流域以单马鞍口双耳罐为代表。两种马鞍口的罐的区别是双马鞍口罐的口部和耳部都下凹成弧形，单马鞍口罐仅口部下凹成弧形，耳部平齐（图 25）。

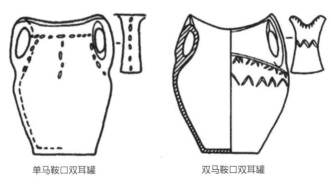

单马鞍口双耳罐　　　　　　　　双马鞍口双耳罐

图 25　单马鞍口罐和双马鞍口罐

寺洼文化的族属，夏鼐先生最早认为是羌族，即所谓的"西方牧羊人"，后有学者认为是犬戎，实都可归属于羌戎或较晚的西戎。从甲骨文开始，有很多文献记载关于羌族的历史。至迟在商代羌族即活动于西北地区，与商人关系密切，经常与商王朝发生冲突。胡厚宣先生统计甲骨卜辞中羌人作为人牲被杀掉的多达 7750 人，数量相当惊人[①]。周初羌人参加了周武王推翻商朝的牧野战争。西周时属于羌人姜姓部落与周人通婚，传说周人的祖先弃即为姜嫄所生。后与秦人也可能有通婚现象，虽说秦人与寺洼人有着血海深仇，但在某些区域的和平共处期间有这种现象也是很正常的。在清水李崖遗址中就发现过两座墓并排而葬，方向一致，大小相当，棺椁形制完全一样，随葬品一人为周秦陶器，另一人为寺洼文化陶器，人骨鉴定分别为男性和女性，据此推测可能为夫妻。另外，在李崖 M9 中也有周秦陶器和寺洼文化陶器共存的现象。

既然寺洼文化人群是羌族，在人种上有没有特点，与周、秦人有何区别，这也是很多人好奇的问题。人种学研究表明，合水九站和庄浪徐家碾寺洼人群较一致，都与现代蒙古人种南亚类型最为接近[②]。临潭磨沟墓地寺洼文化人骨与东亚蒙古人种最接近。可以看出，同是一种考古学文化，但人种是有区别的，这可能与考古学文化所分布的环境有着密切的关系。磨沟墓地寺洼文化相较其他地区寺洼文化年代最早，可到商代前期。与齐家文化晚期在时间上有较长的重叠，寺洼文化人群也长期和当地齐家文化人群混居。其人种类型与马家窑文化、齐家文化人种最接近是合乎规律的；合水九站与徐家碾两个遗址都位于

---

① 胡厚宣：《中国奴隶社会的人殉和人祭》，《文物》1974 年第 8 期。

② 王明辉：《甘肃庄浪徐家碾寺洼文化人骨研究》，《徐家碾寺洼文化墓葬》，科学出版社，2006 年。

甘肃东部，时代上晚于磨沟墓地寺洼文化，在商代晚期至西周中晚期。有学者认为是洮河中上游的寺洼文化向东扩散，经西汉水流域、渭河上游，进入泾河上游[①]。从文化面貌及年代上而言，此说法很有道理。但从人种类型上来看，洮河流域寺洼人群到泾渭流域，从东亚类型转变为南亚类型让人费解。合水九站组与陕西西村周组所代表的周人在体质上关系最为密切。根据朱泓先生研究，中国西北地区先秦时期属于蒙古人种范畴的居民中大多数群体的种系特征比较一致。如果不从人种学专业角度分辨，寺洼文化人群和周人甚至秦人没有根本的区别。

---

① 水涛：《关于寺洼文化研究的几个问题》，《西北地区青铜时代考古论集》，科学出版社，2001 年。

第三章　李崖遗址及嬴秦东来

关于嬴秦族从遥远的东方迁徙而来的说法已经被普遍接受，且有很多的研究成果。但前几十年在考古学上始终缺乏有力的证据，直到清水李崖遗址的发掘，给"秦人东来说"提供了让人信服的证据。

第一节　李崖遗址的发掘背景及研究现状

为了廓清秦人早期历史的发展脉络，寻找秦人早期都邑，探索秦文化渊源，2003 年 11 月，由甘肃省文物考古研究所、北京大学、中国国家博物馆、陕西省考古研究所、西北大学五家单位组成早期秦文化联合考古队，于 2004 年 3 月开始对秦人早期活动的西汉水流域、牛头河流域进行了调查和发掘①。西汉水流域发掘了西山遗址、鸾亭山汉代祭天遗址、大堡子山遗址，牛头河流域发掘了清水李崖遗址（图 26）。

---

① 早期秦文化联合考古队：《西汉水上游考古调查报告》，文物出版社，2007 年。

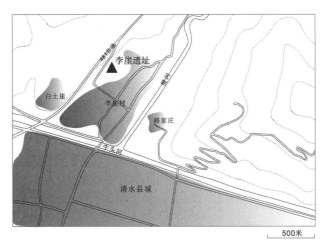

图 26　李崖遗址位置示意图

牛头河流域地跨古代清水县，包括今清水和张家川两县。唐《括地志》云秦祖非子的封地"秦"邑就在清水县[1]。20 世纪 80 年代赵化成先生曾调查过牛头河，否定了今上游秦亭镇一带作为非子始封地的可能性[2]，但非子封邑究竟在何处学术界多有争议。为了摸清这一地区的古文化发展序列及分布范围，进一步探索秦早期都邑及秦人迁徙路线，早期秦文化联合考古队在 2005 年和 2008 年前后两次对牛头河干、支流两岸进行详细调查，共发现各类遗址 117 处，其中含周代遗存的遗址 31 处。而在整个流域为数不多的以周代文化为主的遗址中，李崖遗址规模是最大的。从地形、年代、面积、文化内涵等多方面考量，

①《史记正义》引《括地志》云："秦州清水县本名秦，嬴姓邑。十三州志云秦亭，秦谷是也。"
②赵化成：《寻找秦文化渊源的新线索》，《文博》1987 年第 1 期。

李崖遗址作为非子始封地的可能性较大 [1]；2009 年，为配合天平（天水—平凉）铁路的建设，进行了小规模的钻探和发掘，其中清理了三座被盗的残墓（战国汉墓）和一座西周时期的灰坑，从而对该遗址的文化堆积有了进一步的了解。鉴于以上原因，经国家文物局批准，于 2010 和 2011 年两次在清水县李崖遗址进行考古发掘 [2]。

由于李崖遗址发掘的资料仍在整理之中，墓葬以及出土的遗物，包括陶器、人骨、兽骨等的分期断代、科技分析等基础研究还没有全面展开，对于李崖遗址以及遗迹遗物的研究还处于初级阶段，以发掘者赵化成和梁云两位先生的研究为主，宏观上对李崖遗址的年代及性质、秦人来源、秦戎关系等方面提出了一些看法。

20 世纪 80 年代赵化成先生在其文《寻找秦文化渊源的新线索》就认为：今清水县城一带地势开阔，台地发育良好，采集到周代绳纹陶片，从自然地理角度作为非子封邑似有可能，因此，也是今后重点注意的地区 [3]。文中提到的这块区域重点是李崖遗址。梁云先生在《非子封邑的考古学探索》一文中进一步论证了李崖遗址为非子封邑的可能性 [4]；李崖遗址发掘后，发掘者认为：李崖这批墓是迄今所见年代最早的一批秦族墓

---

① 早期秦文化联合考古队：《牛头河流域考古调查》，《中国历史文物》2010 年第 3 期。

② 早期秦文化联合考古队：《甘肃清水李崖遗址考古发掘获重大突破》，《中国文物报》2012 年 1 月 20 日，第 08 版。

③ 赵化成：《寻找秦文化渊源的新线索》，《文博》1987 年第 1 期。

④ 梁云：《非子封邑的考古学探索》，《中国历史文物》2010 年第 3 期。

葬。并由墓葬及出土遗物的特点推断秦族、秦文化是东来的；早期秦人与寺洼文化人曾长期和睦相处，或可能通婚，这对于了解早期秦人与西戎的关系提供了新的实物资料；李崖遗址墓葬和灰坑的年代集中在西周时期，很少见春秋时期的遗迹单位或标本，表明遗址的繁荣期在西周时期，进入东周则很快废弃。这与非子至秦仲四代居秦邑，至庄公迁徙至西犬丘的文献记载大致吻合①。近几年，梁云先生陆续发表了早期秦文化的研究力作《早期秦文化的两类遗存》《论早期秦文化的来源与形成》《嬴秦西迁三说平议》②等，全面系统地总结十几年早期秦文化研究成果。2021 年，《甘肃清水李崖遗址周代墓葬发掘简报》与赵化成先生大作《李崖周代遗存与嬴秦西迁研究》同时发表③。

第二节　李崖遗址遗存类型学分析

鉴于研究的侧重，笔者主要对李崖遗址周代遗存进行初步分析，其中墓葬与出土器物有可供参考的资料，灰坑资料还在

---

① 早期秦文化联合考古队：《甘肃清水李崖遗址考古发掘获重大突破》，《中国文物报》2012 年 1 月 20 日，第 08 版。
② 梁云：《论早期秦文化的两类遗存》，《西部考古》第七辑，2013 年；《论早期秦文化的来源与形成》，《考古学报》2017 年第 2 期；《嬴秦西迁三说平议》，《中国史研究》2017 年第 3 期。
③ 早期秦文化与西戎文化联合考古队：《甘肃清水李崖遗址周代墓葬发掘简报》；赵化成：《李崖周代遗存与嬴秦西迁研究》，《国际视野下的秦始皇帝陵及秦俑学研究学术研讨会论文集》，西安地图出版社，2021。

整理之中，所以笔者只能对墓葬和出土器物加以分析，同时把陶鬲作为重点，其他器物简单说明。

由于此遗址地层、灰坑出土的遗存仍未发表，所以下面主要对墓葬所出的遗物进行初步分析。出土器物种类有陶器、铜器、骨器、海贝等，其中陶器138件，铜器1件，骨镞3枚，海贝若干。陶器包括鬲、簋、罐、盆、豆，铜器仅1件戈。鉴于本文要对商式鬲做具体讨论，所以下面主要对陶鬲进行详细分析，其他器物作以简单介绍。

一、陶鬲

（一）类型分析

共37件，分为四大类，为联裆鬲、分裆鬲、仿铜鬲、花边鬲。

第一类：联裆鬲，22件，分为A、B、C三个型。

A型：侈口，斜方唇。15件，分为四式。

Ⅰ式：1件。标本M9:14，夹砂灰陶，器形瘦高，折沿，沿夹角大，上腹外鼓，弧裆，裆较高（表2，1）。

Ⅱ式：3件。分为二小式。

Ⅱa式：2件。标本M23:13，夹砂灰陶，口沿较窄稍卷，束颈，耸肩，浅腹，折裆较高，尖锥足。饰交错绳纹，颈部抹光（表2，4）。

Ⅱb式：1件。标本M26:6，夹砂红褐陶，窄卷沿，腹微外鼓，弧裆较低，有锥状实足跟。饰绳纹，颈部抹光（表2，5）。

Ⅲ式：10件。器形成方体，裆部稍瘪。标本M17:2，夹砂红褐陶。斜沿微卷，颈微束，腹壁较直，折裆，裆部较低微瘪，锥状足。颈部以下饰绳纹，颈部抹光。最大宽度和高度相当（表 2，8）。

Ⅳ式：1件。标本 M20:10，器身较矮，斜沿，沿夹角大，下腹微鼓，袋足稍外撇，裆部较矮（表2，10）。

表2 李崖遗址联裆鬲的类型分析图

类别	型式	A型		B型	
		a	b	a	b
联裆鬲	Ⅰ	1		2	3
	Ⅱ	4	5	6	7
	Ⅲ	8		9	
	Ⅳ	10			
仿铜鬲			11		

（1.M9:14，2.M10:1，3.M23:9，4.M23:13，5.M26:6，6.M23:6，7.M22:12，8.M9:18，9.M9:22，10.M20:10，11.M26:7）

器形演变规律：器身变矮，裆部变低，足部变圆钝。

B型：圆唇，侈口，瘪裆。6件。分为三式。

Ⅰ式：3件。分为二小式。

Ⅰa式：1件。标本 M10:1，夹砂红褐陶。折沿，沿夹角大，颈微束，腹较直，折裆，裆部瘪处较高，两空锥足稍外撇。饰绳纹，沿下抹光（表2，2）。

Ⅰb式：2件。夹砂红褐陶。口沿稍卷，束颈，腹部外鼓，瘪裆较高，两锥足稍内收，最大径在腹部。饰绳纹，颈部抹光（表2，3）。

Ⅱ式：2件。分为两小式。

Ⅱa式：1件。标本 M23:6，夹砂红褐陶。斜折沿，腹部外鼓，弧裆较高。最大径在腹中部。通饰绳纹，沿下抹光（表2，6）。

Ⅱb式：1件。标本 M22:12，夹砂灰陶，斜沿，束颈，腹部下收，裆较低。通饰绳纹，沿下抹光（表2，7）。

Ⅲ式：1件。标本 M9:22，夹砂灰陶。筒状，直口，浅腹，折裆，裆较高，锥足，最大径为口部。饰颗粒状绳纹（表2，9）。

器形演变规律：裆部瘪进降低，趋于不明显。

第二类：分裆鬲，14件，分为 A、B 两个型。

A 型：12件。按足部特征分为四式。

Ⅰ式：4件。斜方唇，锥足不明显。分为两小式。

Ⅰa式：3件。标本 M10:7，折沿，束颈，腹较直，袋足稍外撇，裆较高。饰绳纹（表3，1）。

Ⅰb式：1件。腹下收，袋足微内收。最大径在肩部（表3，2）。

Ⅱ式：4件。实锥足明显。分为二小式。

Ⅱa式：3件。斜沿，沿面稍凹。标本 M26:5，束颈，腹较直，实锥足微外撇。颈以下饰绳纹（表3-4）。

Ⅱb式：1件。标本 M20:9，腹部外鼓，三大袋足外撇。饰绳纹（表3，5）。

Ⅲ式：1件。标本 M27：2，平沿，实足较平，沿面有浅凹槽，腹微外鼓（表3，7）。

Ⅳ式：3件。方唇，沿面浅凹，腹微外撇，实足粗壮，成马蹄形。饰绳纹。标本 M22:3（表3，8）

表3 李崖遗址分裆鬲的类型分析图

类别	型 式	A 型		B 型
		a	b	
联裆鬲	Ⅰ	1	2	3
	Ⅱ	4	5	6
	Ⅲ	7		
	Ⅳ	8		
仿铜鬲		9		

（1.M10:4，2.M27:6，3.M20:4，4.M26:5，5.M20:9，6.M25:3，7.M27:2，8.M22:3，9.M23:12）

器形演变规律：口沿变平，沿面出现一周浅凹槽，锥足演变为柱足。

B型：2件。方唇，平沿，沿面浅凹。分二式。

Ⅰ式：1件。标本M20:4，束颈，腹部外鼓，极矮的实锥足，足向内收。饰绳纹（表3，3）。

Ⅱ式：1件。标本M25:3，器身较矮。袋足外鼓，无实足跟（表3，6）。

器形演变规律：器身变矮，实足跟消失。

第三类：仿铜鬲，仅有1件，标本M26:7，方唇，侈口，平沿，浅腹，高弧裆，柱足。器身下半部饰竖行绳纹，腹部饰一道弦纹，三足稍高处各有一鸡冠状扉棱，中间有圆饼状附加堆饰（表2，11）。

第四类：花边鬲，仅1件。标本M23:12，夹砂红褐陶，直口，口部加厚，分裆较高，三大袋足外撇，锥状实足跟。口部有一周压的绳纹，肩部有一横錾（表3，9）。

（二）分期

此批陶鬲仅有几件与其他差别较大，而大多数风格较为一致，暂时不能细致分期，只能判断一个较宽泛的时间段。首先对于第四类陶鬲，即花边鬲，仅一件，与其他陶器差别较大，直口沿，明显比领部接荏处要厚，且有斜压的绳纹，腹上部有錾。整体来看外形近似于沣西客省庄出土的一件先周文化陶鬲（标本T32:2B）[1]，但无高领，三袋足系一次性模制而成，与

---

① 张长寿：《沣西的先周遗存》，《考古与文物》2000年第2期。

先周文化不同，口沿斜压绳纹的制作方法在寺洼文化有发现，沣西早期居址发现的花边瓮口沿也有这种制作方法，这件陶鬲应是几种文化元素的综合体。其年代应该在西周早期。

较之第四类陶鬲稍晚的类型有第一类 A 型 I 式和 B 型 I 式，归为第二期。其中 A 型 I 式与沣西张家坡居址出土的 IV 式鬲（标本 T309:2A）类似。区别是前者为斜方唇，而后者为圆唇，且年代是西周早期成康时期。A 型 I 式的斜方唇应是受到稍晚器物的影响，所以年代应在西周早期偏晚至中期偏早。B 型 I a 式与张家坡墓地 A 型 II 式（标本 M322:1）相似，年代在西周早期偏晚。B 型 I b 式与张家坡墓地 A 型 III 式相似，在西周早期偏晚康王时期[1]。因此，第二期的年代应为西周早期偏晚成康时期。

其余陶鬲皆可归为第三期，年代为西周中期偏早昭穆时期至西周晚期偏早。其中较早类型 A 型 II a 式联裆鬲与张家坡西周墓地 A 型 IV b 式（标本 M385:2）相似，应为西周中期偏早昭穆时期。较晚类型为分裆鬲中的 B 型 II 式与沣西墓葬第五期 VII 式鬲（M147:4）近似[2]，但裆较高，应早于后者，年代应在西周晚期偏早。

二、陶罐

出土陶罐近 40 件，其中寺洼文化的马鞍口罐、单耳罐、

[1] 中国社会科学院考古研究所：《张家坡西周墓地》，中国大百科全书出版社，1999 年。

[2] 中国社会科学院考古研究所：《沣西发掘报告》，文物出版社，1962 年。

双耳罐共7件。其余陶罐大致分为两大类（图27，1，3），即折肩罐和圆肩罐，其中折肩罐约占60%，圆肩罐占15%。绝大部分为泥质灰陶，少数为红褐陶和黄红陶。折肩罐的特点是侈口，卷沿，阔肩，肩腹之间转折明显，腹部下收，平底。器形较大。圆肩罐的特点是基本为直口，溜肩，腹部下收，器形较小。

三、陶簋

出土陶簋25件，绝大多数为泥质灰陶。可分为A、B、C三型，A型簋的特征是簋身为敞口碗状，圈足较矮，腹部饰以绳纹、倒三角纹、弦纹等，占26%；B型簋的特征是簋身为盆形或盂形，腹上部有折棱，圈足一般较高。腹部饰绳纹等，占61%；C型簋为仿铜簋，部分有盖有耳，占13%（图27，4，6）。

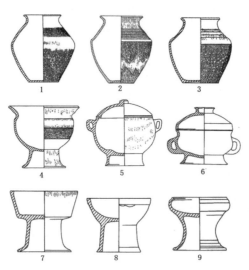

图27　李崖遗址出土的陶罐、陶簋、陶豆

四、陶豆

共 3 件。出土于 M26 和 M27，分别是 M26:4、M27:2 和 M27:4。形制与陶质陶色都不一样。M26:4 为黑皮陶，敛口，浅腹，短柄较粗，把裙外侈。M27:2 为泥质灰陶，盘较深，斜壁平底，把粗裙外侈。M27:4 为泥质红褐陶，盘为碗形，圜底，把为柱状，裙微外侈（图 27，7–9）。

第三节　墓葬

一、形制与分类

竖穴土坑墓 19 座（图 28），分别为 M5 ~ 10、M15~27。M5~10 分布在遗址范围的第 II 象限，其余墓葬都分布在第 I 象限，两者相距较远。平面基本都为长方形，长在 2.17 米 ~ 3.9 米，宽在 0.54 米 ~ 1.54 米，长 / 宽大于 2 的有 18 座，1 座约

李崖 M5 李崖 M22

图 28　李崖遗址墓葬俯视图

等于 2，都属于窄长形。除 3 座口小底大外，其余都是口底同大，有熟土二层台，墓底有腰坑，腰坑殉狗；墓向东西向，在 260度～315 度之间；葬具有一棺一椁和单棺无椁。葬式绝大多数为仰身直肢葬，其中 M6 人骨下肢微屈，M9 为二次扰乱葬；随葬品主要为陶器，仅 M22 随葬一件铜戈，部分死者口中含海贝，部分棺中和腰坑中有海贝。

按照墓葬葬具，基本可分为三类：

第一类：一棺一椁。有 M5、M7、M9、M18、M20、M21、M22、M23、M25、M26、M27。

第二类：单棺无椁。有 M6、M8、M10、M15、M16、M17、M19

第三类：无棺无椁。有 M24。

这三类墓葬其棺椁的复杂程度与其规模大小基本为对应关系。第一类墓葬长基本都在 3 米以上，为较大的；第二类墓葬长在 2.5 米左右，为中等；第三类墓长在 2 米左右，系小型墓。

二、年代及分期

此批墓葬分布在两个地点，即遗址的第 I 和 II 象限。开口层位属于不同的自然层，但其统一后的地层属于同一时代，都打破了齐家文化层。墓葬间有打破关系的只有一组，即 M26打破 M27。

从其出土器物组合来看，不同器类（陶容器）的组合分为三种：

三类器物组合：鬲、簋、罐。

　　四类器物组合：鬲、簋、罐、盆或鬲、簋、罐、豆。

　　四类以上器物组合：鬲、簋、罐、盆、其他（比如马鞍口罐）。

　　需要说明的是四类以上器物组合中的其他器物有马鞍口罐等不同文化的器物算为另一类器物，不能包括在周式罐中。具有三类器物组合的有 M5、M6、M7、M10、M21、M22、M25；具有四类器物组合的有 M17、M20、M23、M26、M27。具有四类以上器物组合的有 M9。只出一件器物的墓葬有M15、M16、M18、M19，各出寺洼文化陶罐 1 件。这几种器物组合中，鬲、簋、罐组合在西周早期武成康时期就已经出现。鬲、簋、罐、豆组合较前者稍晚一些，出现在西周中期偏早昭穆时期。其中簋在西周中期偏晚共懿孝时期已经不出现了，取而代之的是盂。据此可判断，M26 和 M27 应该是稍晚的两座，从两座墓的随葬器物特点来看，M26:4 是一件黑皮陶豆，豆柄较粗，与张家坡墓地的 Ⅲ b 式（标本 M262:3）近似，这种豆流行于西周中期，沿用至晚期。M26:7 是唯一的一件仿铜鬲，与张家坡墓地 C 型 Ⅱ b 式（标本 M56:3）相似[①]，但器身较矮，年代应晚于后者，当在西周中期。综合前述的器物组合的判断，M26 的年代应在西周中期偏晚。M27 稍早于 M26，随葬的仿铜簋 M27:5 制作粗糙，敛口，有盖，圆腹，腹上部有双耳，圈足，应是模仿西周中期偏早昭穆时期的有盖双耳铜簋，年代不早于西周中期偏早。同时此墓其他随葬器物还没有出现西周晚期特征。因此 M26、M27 的年代应为西周中期偏晚共、懿、孝时期。

----

　　① 中国社会科学院考古研究所：《张家坡西周墓地》，中国大百科全书出版社，1999 年。

由陶鬲类型学的分析可知，分裆鬲的 B 型 Ⅱ 式是全部类型里最晚的型式，最有可能进入西周晚期，所以标本 M25:3 所在 M25 应在西周晚期偏早。

综上，M25、M26 和 M27 属于第二期，年代在西周中期偏晚至西周晚期偏早；其余墓葬都为第一期，在西周早期偏晚至中期偏晚。

发掘者初步判断是多数墓葬集中在西周中期，个别可能为西周早期偏晚或西周晚期偏早[①]。本文结论和发掘者的判断基本一致。

墓葬年代的判断不能仅靠某一种因素或特点，而需要综合各方面的因素，同时也要依靠一些现代的测年手段。所以对李崖遗址墓葬年代目前只能是一个初步的判断。造成此批墓葬年代和分期难以判断的原因大致有四个：首先，发掘的墓葬数量太少，而且打破关系简单，出土的器物数量相对还是较少，加之没有出土能够较为准确断代的器物，比如有铭文的青铜器等。其次，出土器物的特点突出，特别是陶鬲，能够对比的时代可靠的同类器物太少。而其他器物簋、罐、豆基本都是典型的周式风格，且特点变化不明显，难以找出演变规律。再次，由于考古学文化在不同的地域发展不同步，即有中心地带和边缘地带之分，导致经过对比得出的结论也是不同步的。最后，现代测年技术误差相对历史时期的遗存年代还是较大。总之，解决李崖遗址的年代和分期，必须依赖数量足够大的遗存，还需要

---

① 早期秦文化联合考古队：《甘肃清水李崖遗址考古发掘重大突破》，《中国文物报》2012 年 1 月 20 日第 08 版。

做更多的考古发掘和研究。

第四节　文化因素分析及文化性质

文化因素分析就是要分析出一个考古学遗存内部所包含的不同文化因素的组成情况①。从一定程度理清此遗址包含了几种考古学文化，它们之间发生了怎样的冲突或融合，这对判断一个遗址的性质、族群构成及社会形态等方面都有重要的作用。

经分析归纳，李崖遗址西周时期的遗存主要有以下五类文化因素：

A 类：墓向的东西向，仰身直肢葬，有殉狗。

B 类：墓底有腰坑，腰坑中殉狗。

C 类：斜方唇联裆鬲（包括部分瘪裆鬲和仿铜鬲）、侈口高圈足簋、侈口卷沿折肩罐、圆肩罐、黑皮陶豆等。

D 类：方唇分裆鬲、低圈足簋、倒三角纹簋等。

E 类：马鞍口罐、双耳罐、单耳罐等。

其中 A 类体现葬俗因素，B 类是墓葬特点因素（殉狗同时也是一种葬俗），其他都为器物因素。它们在遗存中有些不是独立存在的，而是几种因素共同体现在一种遗存上，这类称为混合因素。比如在 M15 中，A 类和 E 类因素共存等。

下面根据每类因素的主要特点分析它们所属的文化性质：

A 类因素在殷墟遗址、丰镐遗址等遗址都存在，但皆非主

①俞伟超：《楚文化的研究与文化因素的分析》，《楚文化研究论集》第 1 集，荆楚书社，1987 年。

流因素。殷墟遗址墓葬群多以北向墓居多。丰镐地区西周东西向墓葬占 38.2%[1]。因此不为单纯的商文化因素也非单纯周文化因素。而我们熟知的秦人墓葬绝大多数是东西向，而且是从西周到战国时期一直流行的特点。特别是礼县大堡子山[2]、圆顶山秦贵族墓葬[3]以及西山遗址[4]的三座形制较大的墓葬同时具备了 A 类因素的全部特点。因此笔者认为 A 类因素是嬴秦文化因素。

B 类因素是商文化墓葬的主要特点。特别是在商代晚期，腰坑墓普遍存在。安阳殷墟西区晚商二至四期墓中，有腰坑墓的比例达到 60% 以上。老牛坡遗址腰坑墓占 80%。且腰坑内多殉狗。尽管在丰镐地区西周墓地中也有，但非主流，且应该是受到了商文化的影响。

C 类因素主要体现的是周文化，但与张家坡墓地、北吕墓地等所出的一些典型的周文化器物有所区别，可以认为是周文化的一个地方类型。

D 类因素主要体现的是商文化。但与殷墟晚商文化还是有区别，应是受到了周文化的影响。是一种混合因素。

E 类因素是寺洼文化的典型特点。与合水九站、庄浪徐家碾等出土的寺洼文化陶器一致，是单纯的寺洼文化因素。

① 张礼艳：《丰镐地区西周墓葬研究》，吉林大学博士学位论文，2009 年。

② 早期秦文化联合考古队：《2006 年甘肃礼县大堡子山东周墓葬发掘简报》，《文物》2008 年第 11 期。

③ 甘肃省文物考古研究所等：《甘肃礼县圆顶山 98LDM2、2000LDM4 春秋秦墓》，《文物》2005 年第 2 期。

④ 赵丛苍、王志友、侯红伟：《甘肃礼县西山遗址发掘取得重要收获》，《中国文物报》2008 年 4 月 4 日（002）。

除此五类主要文化因素外，还有一件花边分裆鬲，有学者认为与先周文化有关。

此遗址发掘的 19 座墓葬，皆为东西向，都有腰坑，绝大部分腰坑内殉狗，A 类因素和 B 类因素是反映葬俗与墓葬特点的主要因素；2011 年共出土陶器 110 件，其中 C 类因素的联裆鬲、折肩罐等 77 件，占 70%；D 类因素 25 件，约占 23%；E 类因素 7 件，约占 6.4%；F 类占 0.9%。其中 C 类和 D 类因素共存的墓葬有 9 座，C、D、E 三类因素共存的 1 座。器物中 C 类和 D 类因素为主要因素，E、F 类为次要因素。由此可见，目前李崖遗址的西周时期的主要文化因素是 A、B、C、D 四类因素，次要因素是 E 类因素。

一般来说，主要文化因素决定一种文化遗存的性质。以上 A、B、C、D 四类主要文化因素，实际上代表了两类遗存，即器物和墓葬，其中器物的种类及特点更多的是反映居民生前使用的文化的性质，而墓葬本身的特点反映的是居民精神领域的一种选择或追求。若以器物来判断，C 类因素在数量上占有绝对优势，占了出土陶器的 70%，则遗址所出遗存应为周文化的一个地方类型，属周文化系统；但有学者认为，精神领域的东西比物质遗存更能反映一个文化的本质特征[1]。笔者赞同这种观点。因此认为李崖遗址出土遗存的文化性质主要取决于 A、B 两类因素，A 类因素经前分析为嬴秦文化因素，B 类因素为商文化因素，而同时具备两类因素者应是嬴秦文化因素。进而

---

[1] 种建荣：《关于考古学"文化因素分析方法"的几点思考》，《唐都学刊》2008 年 5 月第 24 卷第 3 期。

认为李崖遗址目前所出遗存的性质为嬴秦文化。

对于西周时期的秦文化，牛世山先生通过甘谷毛家坪遗址进行过文化因素分析，认为其主要因素是联裆鬲、联裆甗、豆、盆、折肩罐等器物以及墓向的东西向和屈肢葬[1]。这与李崖遗址的嬴秦文化区别较大，原因可能有多种，此文不做讨论。但也有相似的特点，即两处西周时期秦文化的文化因素构成都比较复杂。李崖遗址西周时期的秦文化主要包含有周文化、商文化、寺洼文化等因素，其渊源也应与这几种文化有关，与先周文化有无关系目前还不能确定。

第五节 "东来说"之证据

李崖遗址出土的商式鬲无疑是西周时期居住在李崖的居民使用的一类器物，而这些居民最有可能是秦人的祖先。但这一类器物目前在甘谷县毛家坪遗址、礼县西山遗址等西周时期秦文化中都没有发现，所以其来源值得考察。清水县博物馆藏有一些类似的商式鬲，有标本馆藏 007、馆藏 900、馆藏 902、馆藏 008 等，原来有研究者认为是商代殷墟时期的陶鬲[2]。笔者认为除馆藏 007 应是晚商陶鬲以外，其他几件与此次发掘出土的第二类器物商式分裆鬲特点基本一致，而这种鬲与典型的周式鬲普遍共存，应为西周时期的遗存。这种西周时

---

[1] 牛世山：《秦文化渊源与秦人起源探索》，《考古》1996 年第 3 期。
[2] 毛瑞林、梁云、南宝生：《甘肃清水县的商周时期文物》，《中国历史文物》2006 年第 5 期。

期的商式鬲从何而来，是由某种鬲演变而来，还是当地居民的创造，值得考察。

首先，对遗址所在的牛头河流域早于西周时期的古文化进行考察。此一区域在过去调查过程中发现了含仰韶文化、常山下层文化、齐家文化等史前遗存的遗址几十处，此次又发掘发现了寺洼文化的遗存。尽管清水博物馆馆藏有个别晚商陶鬲和假腹豆等器物，但没有发现含有大量商文化遗存的遗址。张天恩先生认为清水县馆藏的商式鬲与"京当型"商文化陶鬲相似[①]，只能说明当时存在文化交流或贸易往来，但是不能成为商文化分布的范围已到达牛头河流域的证据。这从一定程度上说明以前学界对商文化不逾周原—壹家堡一线的认识可能是正确的。因此，暂时排除了李崖遗址西周时期商式鬲由当地商文化陶鬲演变而来的可能性。

其次，李崖遗址出土的陶鬲，不管是联裆还是分裆，其口沿都为方唇，这是与丰镐地区周文化最大的区别。笔者认为这不仅仅是表现在形制上的区别，而是两种不同的技术传统。一定程度上一种技术可能会决定一种器物的特点。比如周人的瘪裆鬲，就是将一圆筒切割掉三部分，留下三部分都成等腰三角形，然后将三个角合拢成为裆部，如不做修整，则会形成瘪裆。商文化的陶器从二里岗下层开始其口沿部就要经过轮修，配以工具，做成方唇，一直延续到殷墟时期[②]。西周文化的陶鬲多为圆唇，仅用手就可以修整。可见，李崖遗址陶鬲的制法是用

---

① 张天恩：《关中商代文化研究》，文物出版社，2004 年。
② 李文杰：《中国古代制陶工艺研究》，科学出版社，1996 年。

了商文化和周文化的两套技术传统，而且把两种技术传统结合得天衣无缝，这可以说是一种创造，其制陶工匠应是具有着商文化和周文化双重背景的；另外，馆藏和出土的几十件陶鬲个性特点突出，这也许反映了这些陶鬲并非某几个人制作而成，没有形成专门化生产。北美考古学家们发现，关于制陶生产的劳动组织，世界范围内存在着某些基本形态或倾向。研究证实有三种基本组织形式：（1）家庭生产，生产是在社区中的每一个家庭内完成的。（2）某些家庭的生产专门化。（3）工厂作坊的生产专门化[①]。李崖遗址的制陶模式应属于家庭生产，这也符合西周时期农民的经济形态。朱凤瀚先生研究认为，西周时代农民的家族经济大致属于一种农业与手工业并存的自然经济性质[②]。而制陶在普通居民家庭中应是最重要，而且是很熟练的一项手工业，这从李崖遗址出土陶鬲的陶质陶色、形制、纹饰、使用程度等方面都可以看得出来。另外，李崖遗址居民对周文化和商文化的器物形制、制作工艺等都很了解，才能创造出独具特色的陶鬲来。综上两点，可以推测李崖遗址的居民在商文化区域和周文化区域内都有时间不短的生活经历。

　　具备上述特点且在西周时期出现在甘肃东部的人群，首先想到是与秦人有关的人。再结合墓葬东西向，有腰坑，腰坑内殉狗等特点以及史书记载，能进一步认为这群人是以嬴秦人为主体的人群，包括少数被领导的当地土著人，也不排除有殷遗

---

① 〔美〕文德安：《北美考古学陶器分析的几种方法》，《21世纪中国考古学与世界考古学论文集》，中国社会科学出版社，2002年。

② 朱凤瀚：《商周家族形态研究》增订版，天津古籍出版社，2004年。

民的存在。李崖遗址的嬴秦是何时从何地来的，没有明确记载，笔者只能做一些合理的推断。

　　嬴秦人来源问题，已经有很多学者研究过，史学界在 20 世纪三四十年代就有截然不同的两种认识，即"西来说"[①] 和"东来说"[②]。近些年关于早期秦文化的考古发现证实，秦人"东来说"是较合理的。李崖遗址的发掘也进一步证明了秦人是东来的。但具体是从哪来的，解决这个问题的唯一线索就是出土器物。20 世纪 90 年代牛世山先生在分析了西周时期秦文化，主要是甘谷毛家坪遗址的各文化因素后，提出秦文化源于先周文化，并为西周文化的一支地方类型，同时认为甘肃南部西周时期的秦人应来自先周时期以周族为主体的人们共同体的势力范围之内 [③]，大致在关中西部地区。笔者认为，牛世山先生笼统地把甘肃南部（一般称甘肃东部）西周时期的秦人都归于一个来源是有问题的。

　　从葬俗以及出土器物来看，李崖遗址和甘谷毛家坪遗址西周时期的秦人应该是不同的时间来自不同的地方。葬俗上，甘谷县毛家坪西周时期的 12 座墓都为屈肢葬，个别有腰坑。而李崖遗址墓葬皆为直肢葬，都有腰坑。器物上，通过前文对商式鬲的类型学分析发现，李崖遗址出土的商式鬲从形态上更接

---

　　① 王国维：《观堂集林·秦都邑考》，中华书局，1959 年；蒙文通：《秦为戎族考》，《禹贡》第 6 卷第 7 期。

　　② 卫聚贤：《中国民族的来源》，《古史研究》第三集，商务印书馆，1934 年；黄文弼：《嬴秦为东方氏族考》，《史学杂志》创刊号，1945 年；徐旭生：《中国古史传说时代》，文物出版社，1985 年增订版。

　　③ 牛世山：《秦文化渊源与秦人起源探索》，《考古》1996 年第 3 期。

近殷墟一、二期的商代陶鬲，器形接近方形，腹部稍外鼓，有实锥足。毛瑞林等在研究清水县博物馆馆藏陶鬲时已提出，而且认为就是殷墟一、二期的器物。这一点说明李崖遗址的嬴秦人最晚在殷墟二、三期之际就已经离开了商文化的中心区或者中断使用商文化，以致迁徙到李崖以后仍然保留殷墟一、二期的风格，而没有继承商文化中心区殷墟三、四期陶鬲的典型风格。

目前发现的商文化分布最西的地方即周原地区，文化类型为"京当型"[①]，相邻的文化有先周文化、刘家文化和碾子坡文化。刘家文化就是一种姜戎文化，周原地区在殷墟二期后被刘家文化占领，"京当型"商文化渐渐退出，这是一种文化更替的大趋势[②]。使用"京当型"文化的人群中很有可能有嬴秦族，张天恩先生在其专著《关中商文化研究》中对这种可能性进行了论证。这些嬴秦人也许就是夏末商初西迁至关中地区的嬴秦人的后代。

《史记》记载申侯对周孝王说："昔我先骊山之女，为戎胥轩妻，生中潏，以亲故归周。"蒙文通等先生认为骊山之女即戎人女子并以此推及嬴秦为戎族，当然这种说法被后来考古学证明是站不住的。但从侧面说明嬴秦的先祖戎胥轩为了生存可能暂时屈服于姜戎，而戎胥轩生活的时代大概就在殷墟二期。几十年后，到了殷墟三期晚段商王武乙之时，太王迁岐，先周文化重涉周原，与刘家文化开始融合，并向主导地位转化。到

① 邹衡：《试论夏文化》，《夏商周考古学论文集》，文物出版社，1980年。
② 张天恩：《周原遗址殷商时期文化遗存试析》，《中原文物》1998年第1期。

殷墟四期时先周文化成为周原的主体和统治者。嬴秦人的文化必然被周同化。但是 20 世纪 90 年代末周原遗址齐家村出土了西周中期的陶鬲（标本 M6:23、标本 M6:25），风格接近"京当型"陶鬲，应该是由"京当型"陶鬲演变而来（表 4）。这种鬲与李崖遗址的商式鬲非常相似，应该不是一种巧合。而且在周原以外的其他地方暂时没有发现类似标本周原 M6:23 的陶鬲。由此，笔者推断：李崖遗址的嬴秦人可能有在周原地区生活的历史。

殷墟一期	殷墟二期	西周中期	西周中期
贺家76QHM135：1	壹家堡T23⑤：39	周原M6：23	李崖M17：4

表 4　李崖遗址与周原遗址陶鬲对比图

很多学者认为，居住在山西南部汾河流域的中潏一族，在商代晚期西迁到犬丘[1]。西迁的原因学界也有不同的说法，尚志儒先生认为：中潏一族见其商王朝日渐衰落，姬周势力日益强大，同时也为了要保全另一个孙子季胜，选择归附周文王[2]。但中潏的儿子蜚廉和孙子恶来都为商纣王宠臣，若依此说法，中潏此种行为确实令人费解。由山西南部千里迢迢去关

①尚志儒:《早期嬴秦西迁史迹的考察》,《中国史研究》1990 年第 1 期,王玉哲:《秦人的族源及迁移路线》,《历史研究》1991 年第 3 期等。
②尚志儒:《早期嬴秦西迁史迹的考察》,《中国史研究》1990 年第 1 期。

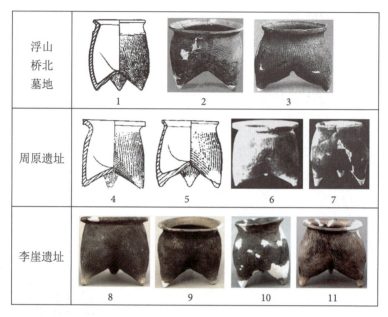

（1.M1：盗 3，2.M24:1，3.M22:1，4. 贺 家 76QHM135:1，5. 壹 家 堡 T23 ⑤：39，6. 周 原 M6:23，7. Ⅰ A1H59:57，8.M17:4，9.M22:12，10.M9:14，11.M20:9）

表5　浮山桥北、周原、李崖陶鬲比较图

中投奔周，途中必然经过商王朝的控制区域，比如关中东部，商王朝岂能任其通过；王玉哲先生认为，在商、周冲突中，中潏从未真正归周①。笔者认为中潏有保卫边陲的经验，奉命西迁关中防御周人，在商代末年被迫降了周，可能以奴隶身份生活在关中地区的犬丘（今陕西兴平附近）。牛世山先生也认为，此犬丘在西周以前或早已有之，可能为戎胥轩和归周以前中潏的居邑。商朝灭亡后，中潏之后季胜一系和恶来一系仍然生活在山西南部，季胜因为归顺周朝后代受到优待，恶来的儿子女

① 王玉哲：《秦人的族源及迁移路线》，《历史研究》1991 年第 3 期。

防及后代只能在季胜一系的庇护下生存。到了大骆、非子时，为了改变生存状态，他们向西迁徙来到了关中的犬丘[①]。周孝王时，非子由于擅长养马被招至汧渭之间（今宝鸡市东北）为周王朝养马，结果马大蕃息。孝王为了奖励非子把"秦"封给了他，号"秦嬴"，清水李崖遗址也许就在"秦"的范围之内。

以上是主要从历史学的角度来分析李崖遗址嬴秦人的来源，推理的成分较多。秦人早期的历史记载非常简单，每个细节都严丝合缝的可能性不大。

近些年的考古发现也许会给我们对李崖遗址秦人的来源提供一些线索。2003年桥北考古队在山西南部的浮山桥北墓地清理了商代到春秋的墓葬31座，形制分大型、中型、小型。其中确认或可能有腰坑的有10座，多数有殉狗。出土有特点为扁方体、方唇上钩、分裆、有矮实足跟的陶鬲，标本M22:1（表5，3）、标本M24:1（表5，2）。5座大型墓和9座中型墓年代在商晚期到西周中期之间，时代上与中潏、非子西迁时间基本吻合，墓葬特点与出土器物与李崖遗址也很相似。同时李崖遗址出土陶鬲与周原遗址的也很相似。这三处遗址仿佛给我们勾勒出了商末秦人西迁的一条路线，同时也暗示了李崖的嬴秦可能就来自山西南部[②]。但遗憾的是山西南部遗存太少，不能使人足够信服，有待更多材料的证明。

① 王学理：《东西两犬丘与秦人入陇》，《考古与文物》2006年第4期。
② 梁云：《嬴秦西迁三说平议》，《中国史研究》2017年第3期。

第四章 嬴秦崛起

秦人崛起陇右已从文献记载和考古发现中得到了相互印证。早期秦文化的发现集中于天水地区和陇南的礼县境内，礼县在 20 世纪 80 年代之前为天水管辖。从古至今，实为同一文化圈，谈及秦文化必是密不可分，探讨天水古史当然离不开礼县。秦人先祖西迁至陇，以养马之才初露头角，后与西戎较量数年，为周王室佑护西方，封得西垂大夫。又因护送周平王东迁有功，始封诸侯，从此崛起。

第一节 牧马西垂

一、西垂地望

《史记·秦本纪》记载秦人远祖中潏"在西戎，保西垂"，秦庄公封为西垂大夫，文公后又"居西垂宫"。对于文献记载中的西垂的概念、地望，学界有不同的看法，至今没有定论。大体分两种，一种认为西垂特指具体的地点，一种认为是西方边陲的范围。如林剑鸣先生认为西垂泛指西方边陲[①]。天水学

---

① 林剑鸣：《秦史稿》，上海人民出版社，1981 年。

者雍际春先生对西垂的考证比较详细，认为西垂有具体地望，大概在礼县盐官镇以东①。文献中还有西犬丘一地，大多数认为西犬丘和西垂是同一地点，这个观点争论较少。目前所见对于西垂、西犬丘、西垂宫等地望的探讨，基本限于古代文献，考古发现上线索不多。对雍先生提出的盐官镇以东之地西汉水流域调查时曾去过，但未发现可以匹配西垂的遗址。而西垂宫就建在西垂，但没有发现与大型建筑相关的建筑构件或原料等。因此，在探讨这一段历史的时候还应持慎重态度，期待以后的考古发现。

二、养马的自然条件

秦人善于养马是祖传的本领。史书有载，传说时代的舜帝时，秦人远祖伯益就是为舜管马养马，才得嬴姓。及后世子孙非子养马更是一把好手，被"邑之秦，使复续嬴氏祀，号曰秦嬴"。秦人因此在西垂获得了一块周天子分封的属于自己的土地，赢得了地位低下的"附庸"。马匹在古代是非常重要的战略资源，其数量的多少以及质量的好坏一定程度上直接决定了国家的军事实力。《后汉书·马援传》中有段对马的作用的描述非常到位，"行天莫如龙，行地莫如马。马者甲兵之本，国之大用。安宁则以别尊卑之序，有变则以济远近之难。"前文已提到，非子居犬丘时，擅长养马而出名，被周孝王召至汧渭之间为周王室养马。汧渭之间是一个较大的范围，汧河在宝鸡

---

① 雍际春：《秦人早期都邑西垂考》，《天水行政学院学报》2000年第 4 期。

由西北流向东南，至贾村塬附近汇入渭河。两河之间包括了宝鸡西部和天水东北部，这里不乏地势开阔，水草丰茂的养马场所。现在称为关山牧场的一大片丘陵草原便是天然的养马场，处于天水张家川县和宝鸡之间，适合大规模牧马。

养马是秦人的传统，非子是一个杰出的代表，嬴秦人能够立足西垂仅依靠为周王室养马肯定是不行的。在取得了周王的信任之后，以养马为业可能是嬴秦族人的第一产业。不仅能够用马交换到生活所需，更重要的是与西戎战争的需要。马匹在战争中的消耗是巨大的，需要源源不断的战马供应，尤其是与游牧性质很强的西戎作战。因此，在西垂附近肯定存在良好的养马环境。经过我们的调查，在礼县、甘谷和武山三县接壤的地方，俗称"三县梁"，那里有天然的草场，至今有附近村民放牧羊、马和牦牛。甘谷县古坡乡也存在大面积的丘陵草场。更有名的麦积牧马滩有着得天独厚的养马条件；还有一个条件更是至关重要，那就是礼县盐官镇存在天然的水盐资源。盐是生物体新陈代谢必需的矿质原料，缺乏盐会引起乏力、肌肉痉挛等症状。很多学者认为，秦人之所以能在西垂崛起，盐起到了非常重要的作用。盐在古代一直是统治者控制十分严格的矿物资源，是重要的经济来源。对于嬴秦远来，势力弱小的情况下，占有资源一定程度上可能比占有土地还重要。从东周时期秦文化和寺洼文化分布来看，西汉水中上游呈犬牙交错之势，最重要的一点就是为了争夺盐水资源。丰富的水盐资源加上秦人专业的养马技术，使得西垂马膘肥体壮，耐力强劲。

秦汉时期，中央为了控制盐官一带的盐业，在当时设立的

图29 盐官盐井祠

西县成立专门的盐业管理机构。秦代封泥中出现"西盐"，即西县之盐。北魏郦道元《水经注》中记载："古地理志云，西县有盐官是也。"唐代杜甫也路经盐井，作诗赞叹。民国朱绣梓《西和县志》中载："按汉初已设盐官，盐井发现应该在周秦时代。"今天的盐官镇建有盐井祠（图29），供奉"盐婆婆"，盐井滋润了人们几千年，已然成为地方神灵。还有西北地区最大的骡马交易市场，近十年以来随着农业机械化的发展，骡马需求减缓，其交易慢慢冷了下来，但其秦文化的影响却扎根于此。

第二节 崛起陇右

一、襄公始国与西畤祭祀

史书记载，西周王朝的最后一个王周幽王由于宠幸褒姒，荒淫无度，被西北的西戎犬戎联合申侯杀于陕西的骊山脚下。幽王的儿子即位为周平王，为了躲避戎人的攻击，迁都洛邑。东迁过程中，秦襄公率兵护送平王，安全到达。襄公由于护驾有功，被封为诸侯，并把岐以西土地赐给秦。从此秦人地位骤然上升，与其他诸侯平起平坐，结束了低下的"附庸"阶段。襄公始为诸侯的绝对年代梁云先生作了推断，他根据《史记·十二诸侯年表》推知为公元前 770 年[1]。襄公回到西垂后继续伐戎，在位第十二年时战死。

成为诸侯国后，除了与西戎的战争外还有重大的祭祀活动。《左传》有语"国之大事，在祀与戎"，襄公作了西畤，祭祀白帝。"畤"是秦国祭天地的专用地，《史记索隐》中解释为"畤，止也，言神灵之所依止也。亦音市，谓为坛以祭天也"。"西畤"可解释为"西垂之畤"，大致地点应该在礼县及周边，赵丛苍先生认为在礼县县城西北的西山遗址（图 30），但考古上还没有充分的证据。襄公祭祀时杀牛、马和羊，用黄牛、黑鬃红马和公羊。白帝为少昊之神。据研究，少昊、太昊本来都是东夷部落的神，少昊很可能是嬴姓秦人的父系神。后来与五方、五色、五行结合，太昊成了东方青帝，少昊成了西方白帝[2]。这种神之信仰从侧面反映了秦人来自东方。西畤这个祭祀地点，秦建立以后一直沿用到汉代，直至王莽时才废弃，考古发现和文献记载都能证明这些。

---

① 梁云：《西垂有声——〈史记·秦本纪〉的考古学解读》，生活·读书·新知三联书店，2020 年。
② 肖春林：《殷代的四方崇拜及相关问题》，《考古与文物》1999年第 1 期。

图 30　西山遗址远景图（礼县博物馆供图）

其实，不管是官方的重大祭祀还是民间的小型祭祀，从古代一直延续至当代。天水最早有伏羲庙建在卦台山顶，供奉太昊伏羲氏，至少还有古代祭祀场所的地理位置选择思想的延续。明代正德十一年（1516 年）新建伏羲庙于秦州，即现在天水市内的伏羲庙。早期都是以地方官员和民间祭祀为主，20世纪 80 年代提升为国家级祭祀，成为了国家级非物质文化遗产。近几年在秦州区平南镇附近又发现了类似陕西血池的祭祀遗址，推测可能早于战国时期。天水的祭祀活动能够兴盛至今不是没有原因的，可能与秦人有着千丝万缕的联系。

二、东周秦文化遗址分布

据现已发表的资料和近些年秦文化与西戎文化联合考古队的调查资料，东周时期天水地区的秦文化遗址较西周时期增加了数倍，总数有 40 多处（图 31）。主要分布在渭河干流及牛头河其支流地区，集中分布在牛头河流域、中滩—石佛小盆

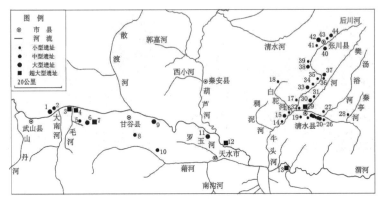

1.武山刘坪 2.武山寺辿 3.东旱坪—刘家墩 4.甘谷毛家坪 5.甘谷马家窑
6.甘谷点田地 7.甘谷秦家坪 8.甘谷三角地 9.天水窑上 10.天水山坪里
11.天水汝季 12.天水董家坪 13.天水柴家坪 14.清水周家庄 15.清水安家村
16.清水潘河 17.清水大庄 18.清水白驼镇西 19.清水陈家塬 20.清水柳树塬
21.清水泰山庙 22.清水太平寺 23.清水武坪 24.清水李沟坪 25.清水温沟
26.清水程沟西 27.清水曹家庄西 28.清水秦子铺 29.清水李崖 30.清水吴家咀
31.清水孟家山 32.清水塬头上 33.清水上城村 34.清水郑家湾 35.清水台子村
36.清水峡口 37.清水柳滩里 38.张家川杨村 39.张家川湾沟 40.张家川崔湾
41.张家川杨上 42.张家川坪桃塬 43.张家川前山村 44.张家川下仁
（此图采自王璐硕士论文《渭河上游周秦汉时期遗址的聚落考古学研究》）

图 31　天水境内秦文化遗址分布图

地、磐安—洛门小盆地三个区域[1]。牛头河流域遗址最为密集，
西周时期的李崖遗址在这一区域。大型遗址都分布在渭河干流
流域，从西到东分有东旱坪—刘家墩遗址、甘谷毛家坪遗址、
甘谷点田地遗址、甘谷秦家坪遗址、天水窑上遗址、天水汝季
遗址、天水董家坪遗址、天水柴家坪遗址等。其中，甘谷毛家
坪遗址经过多次发掘，出土大量遗物，陶器发展序列完整，可

---

① 王璐：《渭河上游周秦汉时期遗址的聚落考古学研究》，西北大
学硕士论文，2018 年。

以作为甘肃东部秦文化的年代标尺。另外，有几个大型遗址学界关注不多，下面做简单介绍：

甘谷点田地遗址：位于甘肃省天水市甘谷县磐安镇田家庄村北的台地上，总面积约为 20 万平方米，遗存较丰富。调查发现灰坑、灰层等遗迹，采集有齐家陶片和绳纹灰陶片。

天水董家坪遗址（图 32）：位于天水市麦积区石佛镇董河村西，地处渭河和董家河交汇处的台地上，地形平坦开阔，总面积约为 24 万平方米。1982 年—1983 年，甘肃省文物工作队、北京大学考古系在对毛家坪遗址进行发掘时，也曾在此进行试掘，上层为周代文化层，下层为新石器文化层。从上层出土的陶鬲判断，最早的年代为西周晚期，中间有春秋早、中、晚期，最晚的为战国时期，可见遗址使用可从西周晚期一直延续至战国。从其形制看，与毛家坪 A 组秦文化遗存陶鬲非常相似。除此之外，董家坪遗址的陶器组合为鬲、盆、豆、罐、甑、甗等，出土陶片上多饰交错绳纹，均与毛家坪遗址秦文化遗存相同，因此，董家坪遗址上层遗存为秦文化遗存[①]。

天水柴家坪遗址：位于天水市伯阳镇下坪村东侧，渭河西岸一级阶地之上，距现在河床约 20 米。地理坐标为北纬 34°32′、东经 106°03′。南北长约 1000 米，东西宽约 250 米，面积约为 25 万平方米。遗址地势平坦开阔，西侧至下坪村，东侧至渭河，陇海铁路在遗址下通过。2017 年调查时在东侧断崖上发现多处灰坑和一座鬲棺葬。

---

① 赵化成：《甘肃东部秦和羌戎文化的考古学探索》，俞伟超主编《考古类型学的理论与实践》，文物出版社，1989 年。

图 32 董家坪遗址近景（三普资料）

天水汝季遗址：位于天水市麦积区渭南镇汝季村西，地处渭河南岸台地上，总面积约为 20 万平方米。调查发现灰坑等遗迹，采集到大量绳纹灰陶片。

三、秦人势力的扩张

秦自先祖非子封邑于清水李崖遗址附近，经历了秦侯、公伯、秦仲、秦庄公至秦襄公，从附庸到大夫再至诸侯历时 80 年。这 80 年是秦早期历史最关键的一个阶段，也是最困难的一个阶段。名义上周平王把岐以西土地赐给秦，实际上大部分土地被西戎占领。要从彪悍的西戎手中夺得地盘，秦人付出了巨大的代价。在势单力薄的情况下秦人首领做先锋，秦仲战死，庄公长子世父为了报仇让了太子位，战争的惨烈可想而知。秦人依靠这种艰苦卓绝和不屈不挠的精神在西垂崛起。

从秦文化分布来看，西周中期仅有李崖遗址一个点，西周晚期已经有毛家坪遗址、董家坪遗址、天水市区部分等大型遗址，还有一些中小型遗址。已经占据了渭河干流及支流最好的有利地形，东、西横跨近100公里。这一时期开始秦戎战争局势已经明显扭转，西戎势力全面溃败。春秋早期秦人继续扩张，加强了对西戎族的打击力度。秦武公十年（前688年）灭了冀戎、邽戎，设立冀县和邽县，是中国最早的县。冀戎分布在甘谷一带，冀县也设置在甘谷一带。毛家坪遗址发掘以后，出土了大量的文化遗存，梁云先生即认为毛家坪遗址可能就是冀县县治所在。当然也有不同的看法，但是经详细调查，毛家坪遗址周围再没有规模更大、地理位置更好的遗址了。邽戎被灭后设置的邽县的地望目前还没有定论，古代文献记载也不一致。大部分记载在天水市附近，也有说在清水。具体地望的确认可能还

图33　天水市区出土的部分青铜器

需要考古学证据，若能够发现较大遗址中有大量的西戎文化遗存和秦文化共存，且年代在春秋早期，则可推进邽县的寻找进程。值得注意的是，20世纪90年代在天水市区发现了一座较高等级墓葬，抢救了铜鼎4件、盘1件、匜1件，年代在春秋早期，现藏于天水市博物馆（图33）。由于当时施工现场混乱，器物留下的只是其中一部分，非常遗憾。但就抢救下来的铜器来看，墓主级别不低，应为大夫一级。这说明至少在天水市区及附近有数量不少的秦人的族群在活动，至于与邽县有无关系还待研究。王璐在其硕士论文里认为董家坪遗址可能是秦邽县，因为年代和文化遗存能够对应，且在附近发现了西戎文化遗存。这一新的认识给我们提供了一个启示，跳出古代文献的记载的困扰可能有意想不到的结果。

第三节　子车戍边

一、毛家坪遗址

毛家坪遗址是天水地区西边最大的秦文化遗址，位于甘谷县磐安镇毛家坪村。遗址分布在渭河南岸台地上，南高北低呈坡状，南靠山北面渭河，西侧有毛河流入渭河。中间是一条自然冲沟，遗址分为沟东和沟西两部分（图34）。总面积在60万平方米以上。

1947年裴文中先生最早发现，1956年任步云、郭德勇和张学正三人对天水、甘谷两县进行文物普查工作，确定毛家坪遗址主要为周代遗址。20世纪80年代初期由甘肃省文物工作

图 34　毛家坪遗址局部（由南向北摄）

队和北京大学进行了发掘，清理土坑墓 22 座，还有灰坑、房基、土坑墓、瓮棺葬等遗迹。出土遗存主要包括以绳纹灰陶为代表的周代秦文化和以夹砂红褐陶为特征的西戎文化遗存，为了区别和探讨，简称"A 组"遗存和"B 组"遗存。这次发掘首次发现了西周时期的秦文化遗存，使毛家坪遗址的重要性突显出来。时隔 30 年后，2012 年早期秦文化联合考古队开启了第二次发掘，连续发掘四年至 2014 年田野工作才告一段落。这次发掘收获巨大，累计发掘面积约 4000 平方米，共发掘墓葬 199 座，灰坑 752 个，车马坑 5 座。共出土铜容器 51 件，陶器约 500 件，小件千余件（组）。其中，规模最大的墓葬 M2059，长 5.48 米、宽 2.98 米、深 9.85 米。随葬器物 71 件（组），包括铜器、陶器、玉石器、漆木器等。铜器 37 件，包含五鼎四簋的礼器 15 件、"子车戈"等。此墓主的陪葬车马坑 K201

图 35　毛家坪遗址 K201 俯视图

内葬有三辆车，中间主车驾马身披甲胄，彩绘纹饰 ①。

　　铜器铭文中的"子车"，印证了古代文献中关于子车氏的重要记载。发掘的车马坑（图 35）比较全面地展现了春秋时期秦人车制，对研究秦独特的车马文化有重要意义。

二、子车家族

　　2014 年，毛家坪遗址发掘规模最大的两座墓 M2058 和 M2059（图 36），其中 M2059 墓主人身侧陪葬一把戈，胡部正面铸有两列共 14 字，经北京大学董珊教授释读为"秦公作子车用，严龚武灵，戮畏不廷" ②，句义是：敬秉神灵佑助战争胜利，利用施加武力使不来朝见的方国畏惧。因此发掘者取名"子车戈"（图 37），所在墓葬的年代发掘者认为在春秋中、晚期之际。子车戈的主人墓葬 M2059 位于遗址沟西北区，这一块区域是集中的墓葬区，相对于遗址其他遗迹是比较独立的

①早期秦文化联合考古队：《甘肃甘谷毛家坪春秋秦墓（M2059）及车马坑（K201)发掘简报》，《文物》2022 年第 3 期。
②董珊：《秦子车戈考释与秦伯丧戈矛再释》，《国学学刊》2019 年第 3 期。

（图38）。上层被一些遗迹打破或者叠压。梁云先生认为这一墓地可能是子车家族墓地。

图36 M2059俯视图

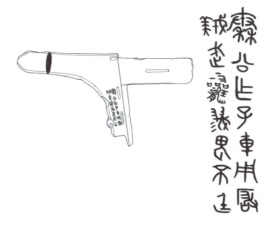

图37 子车戈及铭文

在春秋时期，子车氏是有名的忠良家族，《诗经》《左传》《史记》等文献均有记载。《左传·文公六年》："秦伯任好卒。以子车氏之三子奄息、仲行、鍼虎为殉。皆秦之良也。国人哀之，为之赋《黄鸟》。君子曰：'秦穆之不为盟主也，宜哉。

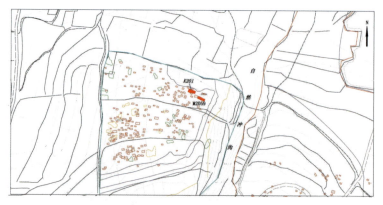

图 38　M2059 所在墓地

死而弃民。先王违世，犹诒之法，而况夺之善人乎！……"《秦风·黄鸟》："彼苍天者，歼我良人。如可赎兮，人百其身！"《史记·蒙恬列传》："昔者秦穆公杀三良而死，罪百里奚而非其罪也，故立号曰'缪'。"这些记载集中在秦穆公时期，说明子车氏与秦穆公关系密切。秦穆公乃春秋一代霸主，却因杀三良被后世诟病。但从另外一方面说明，穆公与三良君臣情谊深重。因此"子车戈"铭文中的秦公指秦穆公。梁云先生认为，秦国历史上不乏嬴秦宗族成员从死殉葬的事，子车氏三良既为穆公近臣，又从穆公而死，自然属于嬴秦宗族子弟①。

　　秦穆公时，称霸西戎，开疆拓土，大举向东挺进。毛家坪所在已是边缘区域，唯一的威胁可能是处于更西的狟戎，活动在今天武山、漳县一带，但已是强弩之末，文献记载春秋晚期时狟戎被灭。至此，陇西之地基本没有大的隐患，子车家族成

————————————

　　① 梁云：《甘谷毛家坪出土秦"子车"戈探讨》，《中原文物》2021年第 3 期。

员可能奉命驻守，生活在毛家坪一带，为秦成守西土。

第四节 东周西戎

一、西戎遗存特点及遗址分布

"戎"是西周以来中原人群对于异族的称谓，"西戎"最早出现在西周末年的文献中，《尚书·禹贡》中也有记载。春秋以后，"西戎"指的是黄河以西泾、渭流域的戎人。《史记·匈奴列传》记载："秦穆公得由余，西戎八国服于秦，故自陇以西有绵诸、绲戎、翟、䝠之戎，岐、梁山、泾、漆之北有义渠、大荔、乌氏、朐衍之戎。"天水地区是东周时期西戎活动的重要区域，有冀戎、邽戎、绵诸戎、义渠戎等。商代及西周时期寺洼文化代表的人群亦可归于西戎的范畴，前文对寺洼文化的

图39 马家塬 M15 的殉车和殉牲

分布已做了探讨。东周时期西戎文化的特点鲜明，发现的基本为墓葬，几乎不见居址。墓葬时代早晚形制有区别，早期多为竖穴土坑墓，晚期多洞室墓。墓中多随葬牛、羊等动物的头和蹄，称为"头蹄葬"（图39）。

出土器物主要为陶器，较大规模的墓中随葬一些青铜兵器、装饰品等，几乎不见容器。超大规模的墓葬出土金银器、铜容器、玉石器等多种器物。当然，绝大部分都是普通西戎人群，生活以陶器为主，西戎墓葬贵族中使用铜器、金银器较多。陶器都为红褐陶或灰褐陶，且夹杂有黑斑，纯灰陶很少。典型器物还有铲足鬲、双耳罐、单耳罐、高领罐等，与秦文化陶器区别较大。金银器多见贵族墓葬中墓主的身体装饰和陪葬车马的装饰，如众所周知的马家塬遗址出土的金银车饰和墓主穿戴饰件。天水境内最早科学发掘的西戎文化遗存是毛家坪遗址"B组遗存"，时代为春秋中晚期至战国时期，后面发现的类似"B组遗存"的陶器基本上都认为是西戎的遗存（图40）。到21世纪初张家川马家塬战国墓地的发现，使人们对西戎文

图40 毛家坪"B"组遗存的铲足鬲和双耳罐

化遗存的面貌有了新的认识，见识到超乎想象的贵族奢华（图41）。天水地区未见春秋时期较高级别西戎墓葬，但距离不远的定西漳县墩坪遗址发现了春秋晚期级别较高的墓葬。

图 41　马家塬遗址出土的部分铜器和金器

从西戎文化遗存的特点可推测他们的生活状态和模式。一是有很多戎墓陪葬大量的动物头蹄可知，西戎人群以动物为其主要财富，进而推知他们的经济模式应该是以畜养牲畜为主。二是几乎不见居址可见他们的定居期很短或者没有定居，过着逐水草而生的游牧生活。三是陶器多红褐或灰褐陶且多黑斑，说明烧制陶器的环境氧气充足且火候不均匀，这是室外堆烧的结果或临时挖的窑炉，非构造良好、火候能够控制的陶窑所烧造。由以上一些特点推测，西戎人群应多为居无定所的放牧人群。

东周时期西戎文化遗址的分布规律及特点与寺洼文化的

分布有相似之处，大多分布在渭河支流的小台地上，地势相对都比较高。多为墓葬，极少遗址文化层中包含西戎遗存。经过近些年的调查，在武山县的令川村遗址、王门墓地、马坪遗址、东家坪遗址，甘谷县的毛家坪遗址，天水市麦积区董家坪遗址、巧儿河遗址，秦安县王洼遗址，清水县刘坪遗址，张家川马家塬遗址、长沟遗址等皆有发现（图42）。在春秋晚期前后开始出现，可一直延续至秦初。其中有些遗址包含了秦文化遗存。这是由于春秋以后，西戎诸族逐渐被秦所灭或驱逐，原西戎活动点被秦占据，留下了秦人遗存。

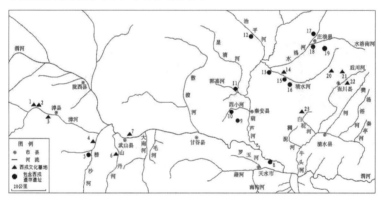

1. 漳县墩坪 2. 漳县吴家门 3. 漳县张家岭 4. 武山王门 5. 武山东家坪 6. 武山马坪 7. 武山令川 8. 天水巧儿河 9. 秦安千户 10. 秦安山王家 11. 秦安寺嘴坪 12. 静宁番子坪 13. 秦安莲花 14. 秦安王洼 15. 五营赵宋 16. 五营老虎穴 17. 庄浪堡子坪 18. 水洛贺子沟 19. 庄浪王宫 20. 张家川高崖 21. 张家川马家塬 22. 张家川长沟 23. 白驼刘坪

图42 天水及其附近西戎文化遗址分布图

二、秦戎关系

西周中晚期，秦与戎为了争夺西汉水流域的自然资源进行着白热化的战争，可能很少有太平日子。周宣王时期，秦庄公借了周室七千兵马大举攻破西戎主力，收复了赢秦故地西犬丘。

进入东周时代，随着秦文化势力的日益增强，秦戎双方攻守关系发生了极大的变化，冲突的核心地带发生了转移，西汉水流域已被秦人牢牢控制，秦人建立了城池，占据了有利地形和井盐资源，迫使西戎向其他地方流动。渭河流域及其支流商代西周本不是寺洼文化集中分布的区域，仅有零散的点。东周时期分布于渭河干流流域的冀戎、邦戎、狟戎相继被灭，剩下的就是分布于清水、秦安、张家川的绵诸戎和义渠戎了。张家川马家塬发现的西戎王室和贵族的墓地有学者认为是绵诸戎①。奢华的墓主人体装饰和豪华的车马陪葬有着强烈的草原风格，战国时期已归属秦人管辖，可能是秦穆公时任用由余征伐而归顺②。

对于秦戎关系，不少学者从不同的角度进行过系统的梳理和研究。史党社先生以理论与考古资料为基础，对已有的考古、文献、古文字材料重新加以解释，进行了探索性研究③。梁云先生以宏大的考古学视野，利用最新的考古资料，系统深入地研究了秦戎关系，并精辟地总结出三个阶段：一、早期阶段：和平共处与生死相搏。时代为西周至春秋早期。二、中期阶段：秦的称霸与戎的变迁。时代为春秋中晚期至战国早期。三、晚

① 王辉：《张家川马家塬墓地相关问题初探》，《文物》2009年第10期。
② 马非百：《秦集史》，中华书局，1982年。
③ 史党社：《秦关北望——秦与"戎狄"文化的关系研究》，复旦大学博士学位论文，2008年。

期阶段：兼并与融合。时代为战国中晚期至秦代^①。秦与西戎关系是中国早期民族融合的重要阶段，为秦统一天下奠定了良好的基础，对于秦戎关系的研究意义深远。

① 梁云：《考古学上所见秦与西戎的关系》，《西部考古（第 11 辑）》，科学出版社，2016 年。

第五章 秦汉遗存与天水由来

第一节 考古发现与文物研究

一、秦汉墓葬及遗址

秦汉时期，王朝统一，政治、军事、文化、经济中心在陕西的咸阳、西安一线。天水地区东周时期的秦人势力大部迁往陕西，驻守陇右的必然很少了。秦代时间短暂，与西汉早期在物质遗存上基本一致，很难区分，居址的判断更难。考古发现明确的秦代遗址或者墓葬数量极少，仅有秦安上袁家墓葬[①]、天水西山坪墓葬[②]、武山东旱坪墓葬[③]、麦积放马滩秦汉墓[④]等。墓葬形制依然沿袭了战国晚期特点，天水北部以秦安上袁家墓地为代表，位于甘肃省天水市秦安县陇城镇上袁家村东，背山面河，呈大斜坡状。M6、M7东西并列，应为一对夫妇异

① 甘肃省文物考古研究所：《甘肃秦安上袁家秦汉墓葬发掘》，《考古学报》1997年第1期。

② 中国社会科学院考古研究所甘肃工作队：《甘肃天水西山坪秦汉墓发掘纪要》，《考古》1988年第5期。

③ 甘肃省文物考古研究所：《甘肃武山县东旱坪战国秦汉墓葬》，《考古》2003年第6期。

④ 甘肃省文物考古研究所、天水市北道区文化馆：《甘肃天水放马滩战国秦汉墓群的发掘》，《文物》1989年第2期。

穴墓，M6 墓主为女性，M7 墓主为男性（图 43）。M6 为竖穴土坑墓，M7 为带斜坡墓道的竖穴土坑墓，皆为秦墓常用形制，墓内随葬车马，大量殉牲比较少见。发掘者将其年代定为秦统一至二世时期。随葬品有陶器、铜器、铁器等，类型包括容器、炊器、兵器、车马器等。天水南部以放马滩秦汉墓为代表，放马滩墓地地处秦岭山脉中部，属于山前扇形草场地带。总面积约 11000 平方米，墓葬 100 多座。发掘了 14 座，出土文物 400 余件，其中有战国秦木板地图、竹简和西汉初期纸质地图，还有毛笔及笔套 4 件等非常重要的文物。关于放马滩地图、竹简有多人研究，其中何双全、雍际春等学者的研究较全面深入。

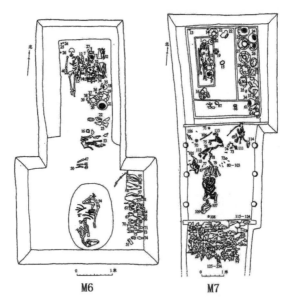

图 43　秦安上袁家秦墓

西汉中晚期以后，很多遗址中都发现汉代遗存。近年来汉墓也发现了不少，调查中发现被破坏的多为东汉砖室墓。在秦州区王家磨村、张家川圪垯川遗址发掘了汉代遗迹40多处，其中有规模较大的多室墓。值得一提的是，麦积区中滩镇的樊家城遗址当地传说有唐代樊梨花筑的城，民国编著的《天水县志》中记载："番家城，在县城西北四十里，城基坚厚，门甃尚存，不知筑自何时，绎其名或金人所筑欤。"2017年，秦文化与西戎文化考古队在城内发现了较多的汉代陶片和瓦片，断崖下发现汉墓。现存的夯筑城墙内包含史前遗存和东汉绿釉陶片。因此，此城的年代及性质还需进一步研究。

二、天水馆藏青铜有铭蒜头壶的初步研究

笔者曾在天水市博物馆工作时，发现一件底部铸有"一十中"两字铭文的铜蒜头壶，造型美观，表面无锈处熠熠生光，保存完好，是同类器形中不可多得的精品。根据目前已发表资料，有铭文的铜蒜头壶极为少见，且此件器物至今仍未见有研究。因此，笔者就此件蒜头壶作初步研究，以求指正。

（一）形制

此件蒜头壶口作蒜头状，分六瓣。细长颈，颈中部有凸箍。圆鼓腹。圈足。底部近圈足铸有"一十""中"两字。口径6.7厘米、底径13.7厘米、通高39厘米（图44）。蒜头壶是秦文化的典型器物。

目前所知，蒜头壶最早出现于战国晚期，流行于秦汉时期，西汉中期逐渐消失。能确定在战国晚期的数量很少，其中最早的一件出土于陕西省凤翔县高庄野狐沟M1，颈部短，有凸箍，

图 44 天水市博物馆藏铜蒜头壶

高度较低，圈足较大。年代为战国晚期早段[①]。另外，临淄商王村 M1:97、云梦睡虎地秦汉墓 46:9、江陵杨家山 M135：73 等几件也属战国晚期。颈部很长，通高都在 40 厘米左右，与凤翔高庄野狐沟 M1:10 相比有明显的变化。据陈平、李陈奇等学者研究，铜蒜头壶从战国晚期发展至秦汉时期，口部蒜瓣由短细内收变为长粗外展，壶颈由短粗变细长，其中束箍带纹弦纹自壶口逐渐下移至颈中部，纹路层次加多，壶腹由高长趋扁鼓，重心渐下移，圈足升高[②]。虽然此规律的总结选用的标本很少，但基本上是正确的。据笔者不完全统计，现已发表的出土器、馆藏器和传世品百余件。从中可以看出，圈足有增高、

① 雍城考古工作队：《凤翔县高庄战国秦墓发掘简报》，《文物》1980 年第 9 期。

② 陈平：《试论关中秦墓青铜容器的分期问题（下）》，《考古与文物》1984 年第 4 期。李陈奇：《蒜头壶考略》，《文物》1985 年第 4 期。

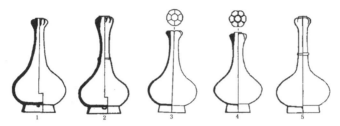

1. 湖北宜城楚皇城 LM6:22. 湖北宜城楚皇城 LM5:33. 云梦睡虎地 M9:304. 云梦睡虎地秦汉墓 43:22 5. 云梦睡虎地 M34:33

图 45　秦代蒜头壶

足径变小（相对于腹径）的趋势，但腹部的变化不能确定是由高长趋扁鼓。特别是秦、汉器，腹部的形状极其形似，高长形和扁鼓形共存。如湖北宜城楚皇城 LM6:2（图 45，1）、宜城楚皇城 LM5:3（图 45，2）、云梦睡虎地 M9:30（图 45，3）、云梦睡虎地秦汉墓 43:22（图 45，4）、云梦睡虎地 M34:33（图 45，5）等秦代蒜头壶腹部都呈扁鼓形。而陕西汉阴李家台（图 46，1）、陕西扶风石家一号墓（图 46，2）、成都东北郊 M17（图 46，3）等出土的汉代蒜头壶腹部都呈高长形。另外，颈部的

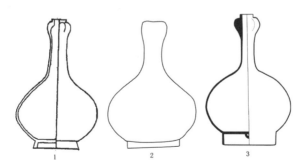

1. 陕西汉阴李家台 2. 陕西扶风石家一号墓 3. 成都东北郊 M17

图 46　西汉蒜头壶

装饰凸箍从战国晚期至汉都在颈中部稍靠下，纹路层次也并未加多，最复杂者亦未超过凤翔高庄野狐沟 M1:10。因此，从其腹部形状、颈部装饰位置来判断铜蒜头壶的年代是很难把握的。

对于科学发掘的蒜头壶，可以从墓葬形制以及共存的其他器物来综合判断，能确定它的年代下限。而对于馆藏器，没有明确的出土地点，也没有与之共存的器物信息，仅仅从形制上来判断年代难度较大。天水市博物馆藏的这件铜蒜头壶根据以上讨论，结合其特点：圈足不高，足径相对于腹径较大，腹部圆鼓，颈部凸箍位置在颈中部稍靠上。与江陵杨家山 M135：73（图 47，1）、泌阳官庄 M3:1（图 47，2）、《中国青铜器全集（十二）》007 号（图 47，3）、陕西历史博物馆藏鎏金蒜头壶（图 47，4）（陕西历史博物馆信息资料部制作：《陕西古代文明》网络文章）等秦代器物形制较为接近。因此，从形态学判断，天水市博物馆藏蒜头壶年代可能为秦代。

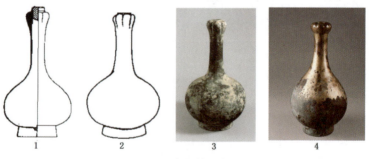

图 47 秦代蒜头壶

1. 江陵杨家山 M135：732. 泌阳官庄 M3:13.《中国青铜器全集（十二）》007 号 4. 陕历博藏鎏金蒜头壶

（二）铭文

1. 字体

此器底部铸有"＋"和"＠"两字（图48）。"＠"释读为"女"应毋庸置疑。秦代金文以秦诏版与秦诏权量为主，字数最多。相传秦诏铭文为李斯所书，但发现的很多诏版与权量中几乎没有相同者，说明并非出自李斯一人之手①。始皇诏版铭文中"诸侯黔首大安"句中"安"字绝大多数写为"𡇯"其中"女"字为"𡩗"，较小篆"𡨕"右侧多了一撇。秦二世登位后，增刻二世诏书。二世时诏版与权量铭文中出现的女字作为偏旁的"始"的写为"𡨕"或"𡩗"，女字的写法较始皇诏版中的写法简化，右侧的一撇消失；一般认为的秦代标准小篆的《琅琊台刻石》《峄山刻石》、泰山刻石《绛帖》本等中"女"写为"𡨕"。相比较，天水市博物馆藏蒜头壶底铭中"＠"字更接近于标准小篆体和二世时秦金文，仅笔画转折处较石刻、封泥、简牍等文字更为方折。

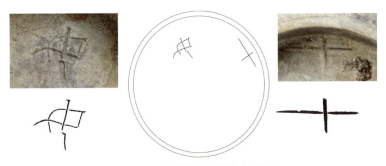

图48 天水市博物馆藏蒜头壶铭文

①黄文杰：《秦汉文字的整理与研究》，社会科学文献出版社，2015年。

"┿"从字形结构看，横划很长，竖划较短。"十"与"七"从战国时代开始形近易混，主要是横竖笔画长短变化引起的。秦文字中一般竖长横短为"十"，竖短横长为"七"。例如秦俑二号坑马饰文字"┿"，睡虎地秦简中的"┾"及十七合文"┿"等。西汉延续了秦的特点，如上林行镫铭文中"▰"、第七平阳鼎铭文中"▰"等很多铭文都释为"七"。因此天水市博物馆藏器铭文"┿"应释读为"七"。

上述从字形结构，初步认为所考器铭文接近标准小篆体和二世时秦金文，但不能确认器物年代就是秦代。据古文字学研究，汉代金文中的规范篆文直接继承了秦篆，其中少量是小篆，大量的是缪篆、古隶和汉隶。如同类带铭文器物有陕西大荔出土万金壶（表6，1）[①]、湖北荆州高台 M5:6（表6，3）、故宫博物院藏万金壶（表6，5）、曲阳家温壶（表6，7）[②]、李瘕壶（表6，9）[③]、王君壶（表6，11）[④]等。铭文有铸有刻，也有墨书。前四例年代都为汉代，李瘕壶有战国晚期和汉代两说。这几例铭文大体归为三类：一是铸造阳文，如陕西大荔出土万金壶、湖北荆州高台 M5:6 和故宫博物院藏万金壶。二是刻划阴文，如曲阳家温壶、李瘕壶。三是墨书，如王君壶。从其铭文整体形式及字体特点看，铭文皆为竖排，字体为篆体或

① 张天恩主编：《陕西金文集成》，三秦出版社，2016 年。

② 中国科学院考古研究所编：《美帝国主义劫掠的我国殷周铜器集录》，科学出版社，1962 年。

③ 吴镇烽主编：《商周青铜器铭文暨图像集成》，上海古籍出版社，2012 年。

④ 张沛：《旬阳西汉"王君"墓出土的器物》，《考古与文物》1989 年第 6 期。

表6 有铭蒜头壶

名称	器物图	铭文	年代
大荔万金壶	1	2	西汉
荆州高台 M5:6	3	4	西汉早期
故宫博物院藏 万金壶	5	6	西汉
曲阳家温壶	7	8	西汉早 中期
李瘐壶	9	10	西汉
王君壶	11	肩部墨书"王君"	西汉 中晚期

古隶。两例"万金"壶铭文内容相同，但书写形式有所区别，故宫博物院藏万金壶实为模制是铭文正刻，翻模后即反。风格皆具洒脱粗犷之风，字体结构仍不失小篆体特点，但有简化。"孙是千金"壶则较为规整严谨，与小篆一脉相承。曲阳家温壶铭文更具隶书意味，与西汉武帝时期"阳信家"铜器上的铭文基本一致，属于缪篆。李瘕壶铭文"李瘕"亦是小篆结构，但写法草率，属草篆风格，也较多见。王君壶墨书字类秦篆，字体舒展优雅，略有汉隶意味。与其上 5 例铜器铭文相比，本文所考蒜头壶铭文与它们有相同点也有不同点。相同点是都属秦文字体系，字体在小篆的基础上有所发展，"七""女"两字最接近小篆，结构严谨，规矩中正；不同点是铭文旋写，依圈足成圆弧形。因此可以推断此铭文早不过秦代。

2. 内容

战国中期以后，随着集权政治的进一步发展，政府对与兵器、度量衡相关的手工业加强了控制，使铭文载体大为扩展，同时在铭文中出现"物勒工名"的内容，记载负责监制青铜器者的官职名号、工长名与直接铸作器物的工匠名，多见于兵器、量器等[①]。早期流行的歌功颂德、祝愿、吉祥之语少见，如"万金""孙是千金""日入千金"等语至汉代仍然存在。以前文所述 5 器为例，铭文内容包括了几类，或为记名、纪年、记重及容量、用途、监造工名等，如曲阳家温壶；或记器主或制造者名，如王君壶，"王君"可能为王姓墓主的敬称。李瘕壶亦

---

① 朱凤瀚：《中国青铜器综论》，上海古籍出版社，2009 年。

同王君壶。或吉祥之辞，如大荔万金壶、高台"孙是千金"壶等。现已发表的资料中未发现有"七女"铭的器物，从"七女"字义理解，可以排除吉祥语、纪年、重量和容量、地名，应属于监造工名、制造者、器主等人物名或者代号，为"物勒工名"。

有学者研究，"物勒工名"制度始于战国中期的三晋地区，商鞅变法后引入秦国，发展日趋成熟，汉代达到全盛①。勒名的方式以刻铭为主，还包括烙印、戳印、漆书、墨书等，其中铸作很少。一般而言，铸造文字在铸造器物之前就已经明确所铸器物的用途，制模时文字必须要确定。而刻划文字为器物铸造完成后，根据当时器物主要用途和要求，把内容刻于其上，具有较大的不确定性。

黄盛璋先生将汉代"物勒工名"制度分为三种类型：三级制，即制造、主造、省造。二级制，即制造、主造或制造、省造。一级制，造或工②。按此分类，"七女"应是一级制，为造或工名。类似"七女"的铭文见于湖北云梦睡虎地秦墓出土的一些漆器上，如"大女子娙""小女子"等，为烙印或针刻的文字，发掘者认为是漆器制造者的名字③。铸造阳文应处于"物勒工名"制度初期或发展阶段，成熟后铭文基本都为阴刻，因此器物铸造时代应为秦至西汉初期。

综上，结合铭文字形结构、书写形式以及内容，可以初步

①黄盛璋：《试论三晋兵器的国别和年代及其相关问题》，《考古学报》1974年第1期。
②黄盛璋：《试论三晋兵器的国别和年代及其相关问题》，《考古学报》1974年第1期。
③云梦睡虎地秦墓编写组：《云梦睡虎地秦墓》，文物出版社，1981年。

推断所考器年代为秦至西汉初期为妥。

3. 功用及文化来源

根据蒜头壶小口细颈和圆鼓腹等形制特征，可以判断是一种容器无疑，且很有可能盛装易挥发液体。考古发现的器物中有少数保留有盖子或木质塞子，可能大多数木质塞子腐朽未能保存，这更能说明所装液体易挥发。西汉早中期的曲阳家温壶铭文中的"温壶"则进一步说明，所装液体需要在一定条件下加温使用。目前所知出土的铜蒜头壶均为中型及以上墓葬所出，据研究其墓主人身份一般为中、小型官吏或地主，应该是生前经常用到的生活器物。由此，我们推测蒜头壶应该为盛装酒的一种器物，是否为古人平常所饮用的酒很难确定。

蒜头壶最早出现在战国晚期秦墓中，是一种突然出现的器物，其文化渊源还在探究之中。陈平先生认为很可能来自于中国西北某些少数民族文化[①]，但至今没有考古发现能佐证此观点。近有学者从其蒜头的造型来源分析，结合文献记载的大蒜传入中土的时间晚于战国晚期，认为蒜头壶从异域文化采借而来就很有可能了[②]。战国时代与秦人交流频繁的西北少数民族有很多，我们总称为西戎。近些年来对陕西黄陵寨头河墓地、史家河墓地，甘肃天水张家川县马家塬墓地等战国时期遗址或墓葬进行了发掘，未曾发现早期的蒜头壶。当然，我们也不能完全排除蒜头壶为秦人独创的可能性。

---

① 陈平：《试论关中秦墓青铜容器的分期问题（下）》，《考古与文物》1984 年第 4 期。

② 宋亦箫：《蒜头壶的"蒜头"造型试解》，《西部考古》第 13 辑，2017 年。

　　此件器物为天水市博物馆旧藏，遗憾的是出土地点不详，但笔者推断出土于本地区的可能性很大。从器物形制、铭文字体和内容分析，"七女"铭铜蒜头壶应为秦至西汉初。天水地区是秦文化分布较多的区域，且文化遗存年代跨度很大，从西周中期至秦汉都有其分布。经过科学发掘的遗址或墓地有清水李崖遗址、甘谷毛家坪遗址、西山坪秦汉墓、放马滩秦墓、秦安上袁家秦汉墓、武山东旱坪战国秦汉墓等，其中武山东旱坪M46出土铜蒜头壶1件[①]、西山坪M1出土陶蒜头壶1件[②]，年代均在秦至西汉初。除发掘出土之外，天水各县区博物馆亦藏有数件铜蒜头壶，应都是本地出土。因此，推断"七女"铭铜蒜头壶在天水地区出土是很合理的。

第二节　"天水"之名及地理沿革

一、"天水"之由来

　　"天水"之记载最早见于《汉书·地理志》："天水郡，武帝元鼎三年置……"元鼎三年，即公元前114年。南朝宋郭仲产《秦州地记》云，郡前湖水冬夏无增减，因以名焉。郦道元《水经注》："……秦武公十年伐邽戎，县之，旧天水郡治。五城相接，北城中有湖水，有白龙出是湖，风雨随之，故汉武帝元鼎三年，改为天水郡。"可见，基本同时期的学者记载却

---

　　① 甘肃省文物考古研究所：《甘肃武山县东旱坪战国秦汉墓葬》，《考古》2003年第6期。
　　② 中国社会科学院考古研究所甘肃考古队：《甘肃天水西山坪秦汉墓发掘纪要》，《考古》1988年第5期。

不相同，但有一个共同点，即天水之名来源于神奇之湖。清代以来，顾祖禹、冯国瑞也有关于"天水湖"的解释。

　　天水学者刘雁翔先生对"天水"的由来做了考证，并提出了自己的看法。认为天水之名，是以阴阳五行为主，综合神灵崇拜、术数星相等因素衍生而成[①]。目前出现"天水"的实物证据是礼县永兴蒙张村出土的"家马鼎"（图49），20世纪八九十年代有些学者认为是东汉器、秦器，2013年晏波博士撰文对家马鼎的年代、铭文及相关问题做了探讨，认为是汉武帝建元前后器物，铭文应为"天水家马鼎，容三十升，并重十九斤"。功能为天水郡家马令负责使用，时专为汉代宫廷盛马奶制作马奶酒所用之物[②]。笔者认同其对年代和铭文的考释。此器年代和铭文的确认说明至迟在西汉武帝建元之前天水之名已经存在。

二、秦汉时期的天水郡县

　　秦统一中国后，实行郡县制，全国分为三十六郡。陇山以西设立陇西郡，沿袭了战国晚期所设陇西郡之地望与治所，大致地理范围包括甘肃东南部大部分，郡治在今临洮县。西汉元鼎三年陇西郡分为天水郡和陇西郡，汉陇西郡郡治沿用秦时，但天水郡郡治在何处未有记载。有说治所在平襄，即今定西通渭县境内。《水经注》中认为在冀。范三畏先生考证了汉

---

　　① 刘雁翔：《"天水"由来考证》，《天水师范学院学报》2002年8月第22卷第4期。
　　② 晏波、雍际春：《天水家马鼎的年代及其用图》，《文物世界》2013年第2期。

代天水郡郡治，认为从西汉至东汉一直在冀县，即今天的甘谷县①。

谭其骧先生主编《中国历史地理图集》第二册中秦陇西郡下置有 7 县，分别为上邽、西县、下辨、冀县、临洮、狄道、枹罕，但没有具体文字考证。马非百先生《秦集史·郡县制》又根据文献增加了故道、榆中、绵诸、成纪、貆道五县。若如此，上邽、冀县、绵诸、成纪四县经学者考证，应在今天水地区境内，具体地望有待进一步确定。秦汉天水郡之地理范围及治所应在上述四县之中，文献记载倾向于冀县，但也未有考古学上足够的证据。要真正解决上述问题，考古学可能是主要的方法了。

---

① 范三畏：《汉代天水郡郡治考》，《西北史地》1995 年第 4 期。

后 记

本人一直认为，著书立说从古至今都是大学问家干的事，一般人只能做读者而已。在此书编写前几个月的某一天，突然萌生了出书的念头，一方面可能是现实所迫，更重要的是家人的鼓励和支持。经过较短时间的构思，笔者把近十年写的一些零散论文以及研究生毕业硕士论文串到了一起，论述的年代从史前时代到秦汉时期。虽说每篇论文内容不同，但有一个共同点就是讨论的都是天水的历史和文化，故起名"天水古史探微"并自提写书名，算是十年工作和研究的总结。

在付梓出版之际，笔者最想说的还是一些感谢的话。感谢研究生导师赵丛苍教授，当初派我跟随早期秦文化联合考古队在清水李崖遗址实习，期间受到赵化成、梁云、游富祥、侯红伟、张寅等老师们的悉心指导。工作以后，领导和同事也是关照有加，特别是李宁民馆长对本人的器重和关心，永远铭记在心。此书编写期间，本人还承担着其他两本考古报告的部分工作，任务比较繁重，家务及孩子的学习全靠父母和妻子照料，在此表示感谢。敦煌文艺出版社曾红博士，为此书的编辑和出版做了大量工作，衷心感谢。